ESPECULANDO CON LA CRISIS

DROBLO

Diseño de portada: www.pemian.com

Especular es un verbo estigmatizado en estos tiempos pero según la R.A.E. no es sólo "*Efectuar operaciones comerciales o financieras, con la esperanza de obtener beneficios basados en las variaciones de los precios o de los cambios*" también es "*Meditar, reflexionar con hondura, teorizar*" y este breve libro trata sobre eso, sobre mis meditaciones, reflexiones y teorías durante esta crisis. ¿Por qué a alguien le puede interesar lo que yo piense y trasmita aquí? No me siento capacitado para contestar a esa pregunta pero sí puedo afirmar que mi visión es absolutamente subjetiva –como todas- pero a la vez independiente lo que no es muy común en estos tiempos. Y es independiente por el primer significado, antes citado, del verbo especular. Sí, yo vivo de la especulación –generalmente en derivados sobre índices bursátiles- y no de lo que escribo por lo que puedo permitirme expresar lo que me apetezca sin pensar en las consecuencias económicas de ello. Esto debería ser así siempre pero por desgracia nunca ha sido lo habitual y con la actual crisis, aún menos. No me las voy a dar de moralista, puedo entender que si un medio está a punto de quebrar y sobrevive gracias a un banco que le refinancia la deuda no pueda evitar publicar artículos alabándole o que una web se "olvide" de hacer hincapié en alguna noticia negativa de la compañía que más le paga por los banners publicitarios pero como lector siempre prefiero una opinión sincera que una condicionada a factores ocultos y espero que los demás piensen como yo.

Además de independiente, mi opinión también tiene criterio ya que he trabajado 20 años en los mercados financieros por cuenta ajena a lo que sumar los ocho años que llevo dedicándome a mover mi propio dinero. Aparte de como profesión, la economía –no desde un punto de vista académico, en la Universidad estudié Historia- siempre me ha interesado mucho y he leído sobre ella tanto o más que cualquier licenciado y desde que empecé a escribir en blogs en internet ha sido mi principal inspiración "literaria". Y es que, más allá de cifras y fórmulas y más allá de la gravedad de la actual crisis que lo ha puesto de moda, tanto el componente psicológico como el social son determinantes en la evolución de la economía y eso la convierte en un asunto ameno del que hay mucho que decir. Todos los días me sorprendo leyendo sobre muy diversos temas ya que soy una persona curiosa y casi un lector compulsivo al que le tienta todo lo que considera interesante, incluso cuando mis escasos conocimientos me impiden profundizar como me pasa con la astrofísica o la astronomía, pero la economía y la historia son mis temas preferidos y, dada la importancia histórica de la actual crisis económica, están muy unidas.

En cualquier caso, a mí me guía la duda, el escepticismo, el cuestionarlo todo, incluso mis propias reflexiones, por lo que en este escrito expongo conclusiones pero quizás sean más interesantes las preguntas que planteo.

Por último, quiero hacer hincapié en que mi intención es hacer un relato breve, accesible al gran público y a ser posible ameno y prefiero ser lo más claro que pueda en mi exposición aunque se me pueda acusar de simplificar. La economía no es una ciencia exacta y es muy interesante conocer todas las teorías que existen y los puntos de vista que han llevado a que se hayan concedido grandes premios –como el Nóbel- y reconocimientos varios a economistas que piensan de forma radicalmente diferente pero no es el objeto de este texto. Sin más preámbulos, paso a detallar el esquema de este libro que creo será una buena forma de expresar cuales son mis intenciones con él:

1) **Los datos macro que más importan.-**

Desde siempre pero sobre todo desde que ya no funciona el patrón oro y un billete no representa nada físico sino simplemente la fe en su emisor se ha oficializado el viejo dicho que dice que la base de la economía es la confianza. Mientras haya confianza la economía puede ir bien aunque haya puntos oscuros. ¿Por qué? Porque si los consumidores, las empresas y los bancos creen en un buen futuro gastarán, invertirán y prestarán y de esto modo se generará empleo bien pagado por lo que el círculo virtuoso funcionará y los consumidores seguirán gastando, las empresas invirtiendo y los bancos financiando. Para que la confianza no se pierda los discursos de los responsables políticos y económicos suelen ser mayoritariamente tranquilizadores ya que su falta puede hacer caer el crecimiento económico y se entra en un círculo vicioso: los consumidores no gastan, las empresas ganan menos y reducen su inversión y los bancos contraen el crédito porque la morosidad aumenta. Y el orden de los factores puede ser diferente como ocurrió en la actual crisis: los bancos reducen el crédito ante el estallido de la burbuja inmobiliaria y por sus malas inversiones y el consumidor, asustado ante todo esto, recorta el gasto y por lo tanto compra menos a las empresas que menguan sus beneficios y esto genera paro lo que provoca un aumento de la morosidad que alimenta otra vez la contracción del crédito. Aparte del problema en la sociedad que esto genera, es evidente que si el paro aumenta y las empresas y bancos ganan menos también se rebajan los ingresos de la administración pues se ingresan menos impuestos justo a la vez que debe aumentar el gasto social.

Todo esto es muy básico y nada original pero hay un factor que puede minar la confianza y que habitualmente pasa desapercibido: la veracidad de los datos oficiales. No ya porque sean ciertos o no, sino por la forma de calcularlos y lo que indican. No olvidemos que no es lo mismo lo que pasa que lo que mide lo que pasa. Y harían falta varias páginas para explicar cómo por ejemplo en los EUA el dato de pedidos industriales se distorsiona cada mes con los pedidos gubernamentales de maquinaria de guerra o cuales son los manejos del Departamento de Trabajo con el dato de empleo mensual…hay muchos ejemplos. Por eso, aunque pueda parecer un asunto farragoso, es imprescindible conocer los 3 datos sobre los que se basa el análisis económico básico, sus características, virtudes y defectos. Son términos que a todos nos suenan familiares: el IPC, el paro y el PIB ¿qué reflejan exactamente?

PIB.- Es un acrónimo de Producto Interior Bruto, un indicador que pretende valorar el tamaño de una economía y cuyas subidas y bajadas son traducidas como épocas de expansión y contracción. Ha tenido tanto éxito porque es bastante fácil de calcular, teniendo todos los datos, con una sencilla fórmula: El PIB es igual al Consumo (de consumidores y empresas) + la Inversión + el Gasto del Gobierno + las Exportaciones netas (exportaciones menos importaciones, si se importa más de lo que se exporta entonces este resultado resta en lugar de sumar). El mayor problema a mi juicio es que, con la excepción de las exportaciones, el PIB mide el gasto, algo que puede mantenerse artificialmente gracias a la deuda que no aparece reflejada por ninguna parte. Si un país dispara el gasto del gobierno gastando más de lo que ingresa (lo que conocemos como déficit presupuestario) para cubrir el desfase emite más deuda y gracias a ello su PIB crece o frena su decrecimiento pero está retrasando el crecimiento del futuro puesto que esa deuda más sus intereses restarán antes o después. Durante las crisis los bancos centrales suelen bajar los tipos de interés y provocar que sea más barato endeudarse y en estos años eso ha beneficiado a algunos países como los EUA, Reino Unido, Japón, Alemania que, a pesar de un fuerte volumen total de deuda, han disfrutado de un reducido coste en intereses. Sin embargo, otros –como España-, aunque finalmente se han beneficiado también, han tenido que pagar los máximos tipos de interés de este siglo para colocar deuda justo cuando más la aumentaba. Otro problema es que al crecer la deuda pública se reducen las posibilidades de colocar con facilidad y a buenos precios la deuda privada… a no ser que haya una liquidez enorme en el sistema, algo que no suele ser lo típico aunque esté pasando ya hace años por las inyecciones de los bancos centrales.

En una situación en la que se hace difícil aumentar el gasto y la deuda por parte de los estados, una forma de contener las bajadas del PIB o incluso de mostrar alzas es aumentando las exportaciones. Esa ha sido la obsesión mayoritaria de las grandes áreas económicas mundiales aunque lógicamente, es imposible que todos exporten más sin que alguien aumente también sus importaciones. Para ayudar en esta batalla los bancos centrales han tomado medidas debilitadoras para las monedas ya que cuanto más barata sea una divisa, más baratas, al cambio, son sus exportaciones para terceros países. A esto se le ha llamado "guerra de divisas" y es algo que nadie reconoce oficialmente hacer pero que ocurre. Pongo un ejemplo muy básico: si dos países con dos monedas diferentes fabrican móviles y su coste de fabricación es el mismo (pongamos 1 escudo y 1 doblón) y quieren venderlos a un tercer país, el cambio de divisas es fundamental ya que si el receptor, al cambio, paga 0.90 por cada escudo y 1.10 por cada doblón, la diferencia para el consumidor final en esa moneda será, redondeando, del 20% y beneficiará –se precio final será más competitivo- al fabricante que exporta con la moneda más débil. Y lo mismo ocurre si se quiere atraer turistas, para ellos lo más económico es viajar allí donde la moneda es más débil respecto a la suya de origen. Se acusó a China de manipular su divisa durante décadas ya que es el propio gobierno chino el que decide el cambio del yuan y no "los mercados" como en el resto de principales monedas mundiales pero lo cierto es que con la crisis la mayoría de bancos centrales han aplicado políticas destinadas a debilitar la divisa propia. La contrapartida de tener una moneda débil viene porque se importa inflación pero eso lo veremos más adelante.

Además del dato del PIB, se usa y se abusa mucho del ratio deuda/PIB. Me gustaría aclarar que el que para medir la deuda digamos que es un X% del PIB es una forma de equiparar la deuda pública de todos los países ya que si sólo dijéramos los volúmenes pues parecería que el billón de España es menor que los 2 billones que debe Francia cuando su economía es el doble que la nuestra por lo que el ratio deuda/PIB es similar. Pero el que nos sirva como un porcentaje de referencia no significa que la viabilidad de la deuda pública se base sólo en eso, depende de

- la vida media de la deuda emitida (cuanto más larga sea y con los vencimientos mejor diversificados menos problemas para asumir los pagos),
- de si hay inflación o no (a mayor inflación más facilidad para pagar las deudas, con la deflación actual es más complicado),
- de la voluble y no siempre justificada confianza de los inversores (un país como Rusia con un ratio deuda/PIB del 14% debe emitir a tipos muy altos y está muy mal considerado por las agencias de ráting a pesar de lo rico en recursos naturales que es

mientras Singapur, sin apenas espacio geográfico, es triple A con una deuda/PIB del 100%),

- de los que compran esa deuda (Japón tiene el ratio deuda/PIB más alto del mundo desarrollado pero como el 95% de sus emisiones se las quedan los propios japoneses, puede seguir emitiendo a tipos mínimos sin problemas, si en Grecia pasara lo mismo no hubieran necesitado ayuda financiera exterior),
- de la estabilidad política, viabilidad de las cuentas públicas y los datos macro confiables (los mayores problemas por ejemplo de Argentina y Venezuela, 2 países con alta posibilidad de suspender pagos con un ratio deuda/PIB del 40% pero con una inflación tan alta que convierte en ruinoso para el comprador cualquier bono en divisa local por lo que también es clave para atraer al comprador foráneo la cantidad de reservas en divisa extranjera del banco central, factor que también atañe a Rusia),
- de la cantidad de deuda privada susceptible de convertirse en pública tanto si por ejemplo si los bancos del país están muy endeudados y el estado va a acabar respondiendo por ellos (podría ser un factor a tener en cuenta si hay una nueva crisis bancaria internacional y se responde del mismo modo) como si es un país con grandes empresas públicas o semipúblicas muy endeudadas (de nuevo esto afecta a Rusia)

Lo que quiero decir es que es práctico usar el ratio deuda/PIB "para entendernos" pero no es ni mucho menos el único factor relevante. Otro error muy común del PIB es usarlo para valorar una economía usando su cifra total como algunos hacen con China o la India que están ya en los 5 primeros puestos mundiales. Sin embargo, si dividimos por el número de habitantes que tienen – lo que se denomina el PIB per cápita- estas dos naciones que son justo las más pobladas del planeta, resulta que el que ya es la número uno –según el FMI- está en el medio de la tabla (China) y la otra (India) está más cerca del último puesto que del primero.

Paro.- Aquí nos encontramos con un concepto que todos entendemos fácilmente pero que se mide de formas muy diferentes. Por ejemplo, en España la EPA es una encuesta telefónica a miles de familias en la que se considera parado a aquel con más de 16 años que no tiene empleo y lo ha buscado durante las 4 semanas anteriores a la llamada y se muestra favorable a buscarlo durante al menos dos semanas más, condiciones similares a las que utiliza Eurostat, la agencia europea, para ofrecer unas tasas de paro armonizadas para todo el continente. La tasa de paro de la EPA aspira a decirnos, en términos coloquiales, qué porcentaje de los que quieren trabajar no pueden hacerlo porque no encuentran trabajo. Dicho en lenguaje algo más técnico, la tasa de paro es la relación entre el número de parados y la población activa. Forman parte de la población activa todos aquellos individuos en edad de trabajar con voluntad de hacerlo, estén trabajando o no.

Sin embargo, el dato de los Servicios Públicos de Empleo (antiguo INEM) sólo incluye aquellos que están registrados en él y además no están realizando cursos de formación o recibiendo subsidios agrarios y algunas excepciones más por lo que la cifra es menor a la de la EPA. Esta polémica con las diferentes varas de medir no es exclusiva de España ni mucho menos. En los EUA, cuyos datos tienen especial relevancia al ser la primera economía mundial, cada vez que el primer viernes de mes el Departamento de Trabajo publica sus "nonfarm payrrolls", normalmente acompañado de revisiones de cifras anteriores, las críticas a su metodología son mordaces.

Como en el caso del P.I.B., creo que la cifra total de paro, sea numérica o de la tasa, no es tan importante como la tendencia. No obstante, creo que en el caso español tenemos un dato mucho menos polémico y lo suficientemente fiable como para valorar la salud de nuestro mercado laboral: el número de afiliados a la Seguridad Social. Por supuesto ninguno de ellos puede valorar la economía sumergida y la sensación que existe es que en España siempre hemos tenido una tasa de paro mayor a la del resto de Europa por ese motivo. Seguro que algo influye pero lo cierto es que si nos comparamos con Italia, otro país en el que también existe mucha economía sumergida, seguimos teniendo unas cifras muchísimo peores de empleo. De hecho, tener más del doble de tasa de paro que la media de nuestra área económica es inaceptable se pongan los "peros estadísticos" que se pongan.

IPC.- El índice de precios al consumo mide la variación en los precios que ha experimentado una cesta de bienes y servicios representativa del hábito de consumo de los ciudadanos. También existe una tasa subyacente para cuyo cálculo se extraen de la cesta de bienes los considerados como más volátiles: alimentos y energía. Como indicador es uno de los más polémicos y que más sospechas recibe de manipulación pero aunque ésta es posible algunos meses, la clave del dato en sí está en la ponderación de la cesta. Es evidente que un televisor -por poner un ejemplo- no se compra cada semana y ni siquiera cada año pero la leche, el pan e incluso los carburantes son gastos casi diarios. Hay quien dice que la percepción de estos gastos -al ser cotidianos- nos hace creer que la inflación es más alta de lo que es pero yo voy algo más allá: creo que en la cesta faltan elementos. ¿Cómo es posible que cuando los precios de las viviendas subían un 30% anual la inflación fuera sólo del 3% si la mitad del presupuesto familiar se iba en pagar la casa propia? ¿Por qué se excluye de los índices de inflación, sin motivo alguno, los activos financieros? Si gastamos el dinero en acciones y viviendas el IPC no se mueve pero si los gastamos en viajes y coches, sí, ¿Tiene sentido? Es por eso que los años de la burbuja inmobiliaria y bursátil el IPC oficial se mantenía moderado de un modo a mi juicio artificial. No obstante, para simplificar, aceptaremos que el IPC mide la inflación.

La inflación es un robo al ahorrador ya que no debería haber un motivo para que el paso del tiempo haga que los precios suban y el dinero pierda valor, pero el abandono del patrón oro, la importancia de los bancos centrales y la tendencia de éstos a la manipulación monetaria le han proporcionado una tendencia alcista comúnmente aceptada. De hecho, la mayoría de los economistas están a favor de la existencia de algo de inflación porque, argumentan, de ese modo la tentación para mover el dinero es mayor ya que teniéndolo inactivo se pierde poder adquisitivo –por ejemplo, con lo que un norteamericano podía comprar con 1$ de 1933 ahora sólo podría adquirir algo de 5 centavos- y ese movimiento genera actividad económica. Por eso la inflación se pretende regular desde las instituciones –los bancos centrales trabajan con un objetivo de inflación que suele estar en torno al 2% anual-, en lugar de dejar que llegue por la archiconocida ley de la oferta y la demanda. Ésta -y eso vale para los limones y para las acciones- dice que si muchos quieren comprar los precios suben y si muchos quieren vender los precios bajan. Tampoco ayudan a que se cumpla esta ley otros factores; por ejemplo una vivienda que la inmensa mayoría sólo puede comprar con un crédito depende mucho para su precio final del tipo de interés que el hipotecado pueda pagar y de la facilidad que tenga el posible comprador en obtener esa financiación por parte del sistema financiero a lo que además podemos añadir subvenciones y ayudas fiscales -o la ausencia de ellas- del estado.

Normalmente, una baja inflación es buena para la economía pero ante el miedo a la deflación ya no es así. La deflación la entendemos como una tasa negativa en la evolución de los precios, ¿Por qué entonces es tan mala si todo nos resultará más barato? Esto es fácil de entender comprobando cómo afectó a la economía el proceso deflacionario de los activos (bolsa, renta fija privada, propiedades inmobiliarias…) al comienzo de esta crisis. Si llega la deflación también a la vida cotidiana y los productos cada vez son más baratos, la crisis financiera se convierte en crisis total tanto desde el punto de vista del consumidor (¿Para qué comprar un coche hoy si va a ser más barato dentro de un mes?) como del empresario (¿Para qué voy a invertir contratando empleados si nadie compra?). La solución a una situación así es muy muy compleja, a nivel mundial en la historia reciente sólo ocurrió en los años 30 del pasado siglo (y para solucionarlo se terminó con el patrón oro) y a nivel local tenemos el ejemplo de Japón, que aún no ha acabado de salir del todo de la crisis que inició hace más de 2 décadas.

Contra la deflación los estados se han dedicado a inundar el sistema de más dinero y de un teórico más barato acceso a ese dinero -que se ha circunscrito sólo al sector financiero-, repitiendo lo que ya hizo Japón en una situación similar. Es lo que se llama "ampliar la base monetaria" (que no significa exactamente imprimir más billetes aunque lo denominemos así porque se parece mucho) actualizando dinero futuro a valor presente (como por ejemplo ha hecho la FED tomando deuda en préstamo desde el Tesoro). Mientras dura la crisis el proceso normal es que quien tiene capital, sea individuo o empresa, ahorre y paralice gastos e inversiones: se reduce el número de participantes en la bolsa, baja la venta de coches y edificios, a nivel empresarial apenas hay OPAS (ofertas de compra de unas compañías a otras) y se reducen puestos de trabajo y se cierran factorías en lugar de crear nuevas. La gran batalla de gobiernos y bancos centrales ha sido abaratar el dinero e inundar de liquidez a la banca para que los posibles consumidores consumieran y los posibles inversores invirtieran. Lo segundo es lo único que de momento ha tenido un éxito contrastado y global y mayormente lo ha hecho en activos especulativos.

En general los bancos centrales han vencido estos años en su lucha contra la deflación pero queda la duda de si todo lo que han hecho para evitarla no será contraproducente. Cuanto más dure la crisis, más se ampliará el ahorro y si finalmente se supera la fase de riesgo de deflación (gracias a un repentino aumento de la confianza o de una revolución tecnológica que aumente la demanda o -esperemos que no- una guerra o cualquier otra razón) todo ese dinero se lanzará al consumo y a la adquisición de activos. Eso puede provocar la subida de la inflación y sus consiguientes burbujas asociadas. Una vez que el miedo a perder el empleo pase y la confianza en la recuperación económica aumente, el consumo aumentará. Ese consumo se volcará sobre unos productos elaborados por empresas acostumbradas durante esta crisis a una dimensión mucho menor de volumen en sus inventarios, luego será probable que la ley de la oferta y la demanda funcione al revés. Pongo un ejemplo: si van cerrando factorías automovilísticas y despidiendo trabajadores porque no se vende y de repente ante una industria acostumbrada a vender 100 surge una demanda de 500, hasta que vuelva a impulsarse una infraestructura que permita ofrecer 500 los precios se dispararán…así pasará con pisos, ordenadores etc. y eso provocará aumentos de precios. Evidentemente, si eso ocurre bancos centrales y gobiernos intentarán por todos los medios retirar toda esa enorme -hiperbólica diría yo- liquidez que hay en la actualidad y seguro que una de las primeras medidas será aumentar los tipos de interés.

El que la inflación durante esta crisis haya dejado de ser un problema acuciante y que se haya intentado evitar la deflación, enlaza con lo comentado antes de la "guerra de divisas". La mayor parte de las economías desarrolladas son importadoras de petróleo y si por ejemplo el precio del barril es de 100$, lo será sea cual sea el valor de la moneda que cada país tenga por lo que el cambio de esa divisa respecto al $ es vital porque si tienes una divisa débil contra el $ provocas que la factura a pagar por esa fuente energética sea mayor. Eso provoca que lo que puede ser positivo para el turismo o las exportaciones sea alcista para los precios puesto que el encarecimiento del crudo se traslada a toda la cadena de producción y transporte. En una situación normal de la economía en la que hay miedo a una alta inflación, esto es un gran problema pero si hay crisis y la lucha es contra la deflación y además el estado recauda más ya que la mayor parte del precio final de la gasolina, el gasoil etc. son impuestos… los políticos no pondrán ninguna objeción, más bien al contrario, a debilitar todo lo que se pueda la divisa propia aunque haga subir la inflación. Evidentemente, es imposible que todos debiliten su moneda contra todos, alguna divisa tendrá que revalorizarse. ¿Quién ganará en esa guerra? Quizás, como en la mayoría de las guerras, pierdan todos.

2) **El origen de la crisis.-**

Una crisis como la actual, que es la más grave en 80 años, se ha estado gestando en el propio funcionamiento del sistema económico durante décadas pero su origen más reciente está en la forma en la que se solventó el pinchazo de la burbuja tecnológica en el año 2000 y sobre todo por las medidas radicales que se tomaron tras los atentados del 11 de septiembre de 2001. Hagamos un esquema:

El fuerte bajón de la liquidez producido por el desplome bursátil de la "crisis de las .com" fue –tras el 11 de septiembre de 2001- combatido con bajadas de tipos de interés a escala mundial (Greenspan ha quedado como el máximo responsable pero todos los bancos centrales lo hicieron).

Una liquidez abundante y barata provoca una fuerte inversión: en bolsa se disparan los procesos de recompra de acciones y adquisiciones de unos a otros y los índices suben con fuerza pero la inversión estrella fue el sector inmobiliario con unas subidas espectaculares. Empieza en los EUA pero se extiende por todo el mundo (salvo raras excepciones como Alemania por ejemplo, debido al proceso de re-unión entre la RFA y la RDA), y se ve impulsada en España por el fin de la peseta -y la necesidad de convertir el dinero negro en propiedades-, la poca tradición del alquiler y el auge del turismo residencial europeo.

Las inversiones inmobiliarias no son tan fáciles de mover como las acciones e inmovilizan el capital. La banca, que vive de mover dinero, empieza a titulizar hipotecas, es decir, juntarlas en un paquete con una rentabilidad atractiva y, ayudadas por unas agencias de rating -que claramente miden mal el riesgo- y la connivencia de los que deberían regular (bancos centrales y autoridades políticas), las venden por todo el mundo. Es decir, las hipotecas en los EUA, que sólo son respondidas por el activo inmobiliario –con la dación en pago, al hipotecado le basta con devolver la vivienda en cuanto ésta vale menos que el dinero que debe- y que son concedidas sin rigurosidad por la banca americana (y sobre todo por las agencias semi-gubernamentales Fannie Mae y Freddie Mac a las que el presidente Bush anima a no cobrar ni la entrada a los más desfavorecidos que quieren ser propietarios), entran en las carteras de la banca mundial como si fueran bonos del estado. El riesgo se globaliza y nadie parece detectar el peligro.

La bonanza económica –más condicionada por el efecto psicológico de la burbuja bursátil e inmobiliaria que por la realidad- y la baja rentabilidad de los tipos oficiales (auspiciada por un bajo y algo irreal IPC), aumenta el apetito por el riesgo que claramente se minusvalora, y se complica la ingeniería financiera buscando más beneficio; se impulsa la negociación de productos derivados dependientes de más factores cada vez. Y una burbuja impulsa la otra: sube la bolsa, sube el oro, sube el crudo (300% en 5 años)…y sobre todo se financian operaciones a largo plazo con deuda a corto plazo, convirtiéndose bancos y cajas de ahorros de medio mundo en creadores de dinero ficticio basado en las valoraciones carísimas de los activos que poseían. Algo que por supuesto también le pasa a las familias, que creen que por tener una propiedad con un valor teórico elevado pueden vivir como si ese valor fuera efectivo al instante y se endeudan en exceso. El gobierno de los EUA actuó del mismo modo, ignorando un altísimo déficit –que era superávit al final de la era Clinton- y gastando –por ejemplo- miles de millones de $ en guerras cuya rentabilidad económica es –incluso hoy- nula.

La crisis inmobiliaria empieza en los EUA en 2006 pero también se minusvalora. El 9 de agosto de 2007 el banco francés BNP reconoció que no podía valorar los activos hipotecarios tóxicos en tres de sus vehículos fuera de balance, y que, por lo tanto, los tenedores que pensaban que estaban invertidos en un producto líquido, se encontraron con la congelación de los reembolsos: pudo ser el primer gran aviso serio de lo que estaba por venir. Se empieza a hacer famoso el término subprime. Una sorpresiva bajada de tipos de la FED parece resolver el problema y por ejemplo el SP500 –la principal bolsa del mundo- marca máximos históricos en octubre de 2007. Pero como hay muy poca liquidez que sostenga los precios de los activos éstos se venden y el movimiento se acelera ya que a menor valor más necesidad de liquidez hay puesto que muchas deudas están referenciadas a determinadas valoraciones y se produce un efecto bola de nieve en el que en todos los mercados se deshacen posiciones y se aprovechan los rebotes puntuales para vender más. Los bancos cierran el grifo del crédito a clientes y a otros bancos (interbancario).

Lo que parecía una crisis financiera (y de hecho los resultados empresariales de empresas no financieras no estaban saliendo malos) puntual afectó al crecimiento. Para evitar la recesión desde diciembre de 2007 la Eurozona, los EUA e Inglaterra acordaron inyectar liquidez a los bancos pero a corto plazo no funcionó. La bolsa en 2008 cumplió una de las misiones que tiene la fiebre cuando caemos enfermos: avisarnos de un problema más grave que afecta a nuestro sistema inmunitario (y mientras no se encuentra el antibiótico para resolver lo que causa la fiebre, la fiebre en sí es un problema menor). BCE en julio de 2008, ante la subida del IPC provocada por las alzas del precio del crudo y contra toda lógica, sube los tipos de interés.

En septiembre de 2008 quebró Lehman Brothers que ha quedado como un símbolo de lo peor de la crisis ya que con su cierre se llegó a temer por una caída del sistema financiero mundial. Los fuertes vaivenes de los mercados los días posteriores y el aumento de la desconfianza global convencieron a las autoridades de no dejar que volviera a ocurrir algo similar. La misma FED y el propio gobierno norteamericano que se negaron a auxiliar a Lehman Brothers (con buenos argumentos, todo hay que decirlo), usaron ahora su poder para ayudar a las grandes entidades con problemas lo que condujo en los EUA a fusiones bancarias "subvencionadas" (como la de BOA y Merrill Lynch) , rescates a empresas (como la aseguradora AIG si bien se pasó la frontera de lo financiero y se llegó a prestar fondos a compañías automovilísticas), compras de participaciones del Tesoro en bancos (como hizo, con un gran beneficio por cierto cuando la vendió, en Citibank) etc. Además, el resto de bancos centrales y gobiernos del globo toman medidas similares.

Curiosamente, aunque en los EUA la crisis empezó siendo inmobiliaria, luego bursátil y luego financiera, en el resto del mundo el orden fue primero bursátil, luego financiera y finalmente inmobiliaria, muy afectada por la financiera, ya que dejaba sin financiación a los posibles compradores. Pronto todo esto pasa a ser una crisis económica que se convierte en global: la restricción de crédito, la desconfianza y la deflación en el mercado de activos financieros llega a una sociedad que consume menos y cada día tiene menos trabajo lo que aumenta el paro y el círculo vicioso da la vuelta: la disminución del consumo y de los ingresos de los ciudadanos perjudican al sector financiero, inmobiliario y bursátil.

En Europa a finales de 2009 empezó una crisis diferente: las cuentas falseadas de Grecia llevaron a un problema de credibilidad en la deuda pública de algunos países de la Eurozona que empujaron a varios países a necesitar un rescate financiero dada la dificultad para poder colocar su deuda en los mercados. Italia y España vivieron en verano de 2012 una situación límite que a punto estuvo de provocar la ruptura de la Eurozona.

En la actualidad economías que apenas sintieron la crisis, las emergentes, están sufriendo por la salida de los flujos que llegaron a esos países huyendo de los estímulos de la FED que ahora vuelven y están encareciendo el valor del $.

Aunque quiero resumir, quedaría cojo este capítulo si no incluyéramos en él a los **Responsables y culpables de lo ocurrido.-**

¿Quién ostenta la autoridad en este planeta? O dicho de otro modo, ¿quién percibe el ciudadano que es el que manda en por ejemplo España? **El gobierno estatal, el presidente autonómico, el alcalde**…ellos son la autoridad y su mensaje es muy claro: "consumid, aunque tengáis que endeudaros, para generad más ingresos" No sólo no se fomentó el ahorro y la prudencia, no sólo jamás se pensó en educar al pueblo con nociones básicas de buena administración de los ingresos y los gastos, es que se fomentó desde todas las administraciones lo que ha originado la crisis: consumo desmesurado y endeudamiento. Por eso antes de la crisis se promovía el negocio inmobiliario sabiendo que sólo unos pocos no necesitaban hipotecas para comprar. Si ellos mandan y ellos hinchan y fomentan las burbujas, sólo un pequeño porcentaje de la población puede sustraerse a esa obediencia -que además apela a sentidos muy arraigados en el ser humano como por ejemplo el imaginarnos siempre un futuro mejor-, a esa fe ciega en que el que manda hace lo que hace porque sabe más que nosotros. Tremendo error, puesto que **nuestros gobernantes** han demostrado que miran más por el corto plazo incluso que nosotros.

La crisis nos ha enseñado –generalizando un poco- a no fiarnos ni de las agencias de rating ni del optimismo de los ministros de economía ni de las declaraciones de los bancos centrales sobre la salud de las entidades financieras. Sin embargo, las cotizaciones bursátiles siguen reaccionando cuando un analista de una firma importante –que ni vio la bajada de 2008 ni el rebote de 2009 por ejemplo- recomienda comprar o vender un valor y determinadas opiniones de **expertos** son capaces de insuflar optimismo o pesimismo con un titular aunque tengan en su registro varias noticias falsas.

Lo anterior creo que demuestra que **los mercados** no son tan listos como la gente cree. De hecho, se suelen buscar explicaciones muy técnicas pero al final es la confianza y el miedo lo que determina sus movimientos.

Todo el sistema económico mundial se basa en la confianza: desde el primer peldaño que es el creernos el valor del dinero (al fin y al cabo un trocito de papel o una anotación en una pantalla) al último, que podría ser el confiar en las cifras económicas macro que publican los gobiernos y bancos centrales. La pérdida de la confianza es un abono perfecto para el miedo y por lo tanto para la volatilidad: mucha especulación y muy poca inversión. El 8 de septiembre de 2008 pasó una anécdota en el mercado bursátil americano: un rumor falso hundió las acciones de la compañía United Airlines hasta hacerlas perder un 76% en minutos. Aunque la compañía lo desmintió tardó horas en rebotar y aun así el precio de las acciones cerró perdiendo ese día un 11% lo que pudo afectar dramáticamente a sus 55 mil empleados. Más famoso fue el flash crash del 6 de mayo de 2010 que provocó un desplome del Dow Jones en unos minutos por una sola orden de venta de exagerado tamaño y el efecto bola de nieve que provocó. **El miedo y la avaricia**, instintos muy básicos y comunes a todos los humanos, son claves para entender el carácter cíclico de las crisis. Aunque hay que decir que la desconfianza puede ser algo creado por los erróneos comportamientos de quienes deberían dar ejemplo. Por ejemplo, si recordamos todas las declaraciones que se hicieron por dirigentes económicos y políticos, agencias de calificación, brókers, reguladores etc. antes de la quiebra de Bear Stearns y Lehman Brothers o del colapso de Fannie Mae y Freddie Mac en 2008, podremos entender que el actuar histéricamente ante cualquier duda de la viabilidad de la compañía donde uno tiene dinero invertido, tiene cierto sentido.

Los **medios** también son responsables. Hay que recordar que The Times, The Telegraph y The Financial Times durante julio y agosto de 2007 no pararon de recomendar comprar las acciones de Northern Rock–primer banco europeo que tuvo que ser intervenido para evitar su quiebra- alabando su bajo precio y su alta rentabilidad por dividendo. Extraña el poder de los medios, a los que concedemos, por ser quienes trasladan la información de donde se produce a nosotros, más capacidades de las que realmente tienen lo que en los mercados se traduce en que algunos crean que un periodista de Alemania conoce la situación financiera real de España o que un columnista de la sección de bolsa vaya a conocer la evolución futura de un valor bursátil. Y es algo tan común que afecta a todos los niveles, un artículo de opinión del Wall Street Journal o del Financial Times sobre la economía española o la solvencia de un banco puede tener más impacto que la publicación de un dato macro o un resultado empresarial como se vio en los peores momentos de la crisis de la deuda de la €zona (2010-2012).

Una antiquísima leyenda cuenta que Sheram, príncipe en La India, quedó tan maravillado cuando conoció el juego del ajedrez, que quiso recompensar generosamente a Sessa, el inventor de aquel entretenimiento. Le dijo: *"Pídeme lo que quieras"*. Sessa, que debía ser muy listo, le respondió: *"Soberano, manda que me entreguen un grano de trigo por la primera casilla del tablero, dos por la segunda, cuatro por la tercera, ocho por la cuarta, y así sucesivamente hasta la casilla 64"*. El príncipe no pudo complacerle, porque el resultado de esa operación $S = 1 + 2 + 4 + \ldots + 2^{63}$ es aproximadamente 18 trillones de granos. Para obtenerlos habría que sembrar la Tierra entera 65 veces. A veces pienso que a ciertos **bancos** les ha pasado como al príncipe del cuento, que primero han prometido el dinero y luego lo han calculado y resulta que no lo tenían ni había forma humana de que lo tuvieran.

Lo mismo le pasó a los **gestores despilfarradores** –públicos y privados- que han tenido que traerlo del futuro vía deuda.

La base de una buena salud financiera, y cualquiera contable lo sabe, es no ir "tapando" las deudas a largo plazo con créditos a corto plazo. Sin embargo, eso es lo que han propiciado durante años, y siguen haciendo, los **bancos centrales**. Cierto que eso hizo posible el penúltimo gran repunte de la actividad económica mundial pero como comprobamos después, quizás no merecía la pena. Voy a explicarme: Un banco puede considerar una buena inversión comprar deuda a 10 años de la empresa "Constructonic" porque paga Euribor (tipo teórico máximo al que un banco puede financiarse en el interbancario en un plazo determinado)+200 puntos y él puede usar esa deuda para conseguir financiación barata de BCE en las subastas de 3 meses, 14 días o en las inyecciones diarias extraordinarias con un gran beneficio. Quizás su objetivo no era ese pero el saber que puede recurrir a esa liquidez y ganarse un gran diferencial lleva a que aumente en exceso su balance con compras como esa. Es similar al particular que firma una hipoteca a 30 años confiado en que en ese tiempo la cuota no le subirá pero sí lo hará su sueldo y el valor de su casa, sin tener en cuenta que puede perder su trabajo y bajar el precio de la vivienda. Si "Constructonic" quiebra, la entidad financiera de repente tiene un agujero que cubrir y si ante la crisis no es posible captar dinero en los mercados de capitales, debe deshacer otras inversiones y si muchos bancos hacen lo mismo a la vez todo cae y la solvencia del sistema queda en entredicho. Lo hemos visto muchas veces ya que este tipo de crisis son cíclicas.

También la gente tiene su parte de culpa, la **ambición** humana, el que todos queremos más. Por supuesto hay más responsabilidad del ejecutivo bancario que por ganar una mayor retribución variable arriesgó el dinero de sus clientes en inversiones de alto riesgo que del individuo que se compró un coche más grande para que su familia fuera más cómoda pero el origen es el mismo: nuestro inconformismo. Y el individuo que consiguió domeñar su propia ambición y no se endeudó en exceso es lógico que haya tenido más ventajas que el que no lo hizo, al menos a la hora de afrontar con más tranquilidad un posible despido o la pérdida de trabajo de su pareja. Eso sí, sería lógico pensar que cuando llega una crisis de las proporciones de la actual muchos inocentes se vean afectados pero a la vez que sirviera para poner a cada uno en su sitio. Pues eso no está pasando, a nivel corporativo pocos de los responsables de esta tragedia están pagando su culpa y está habiendo muy poca selección entre las grandes empresas (¿Cuántas han quebrado?) mientras las pequeñas en muchas ocasiones se han visto abocadas al cierre por causas ajenas a ellas como la crisis de crédito o el retraso en los pagos.

No nos debemos olvidar de muchos **errores puntuales** que han agravado la crisis pero se supone se hicieron con la mejor de las intenciones. En Europa por ejemplo las subidas de tipos de Trichet en 2008 y 2011 fueron absurdas, las continuas declaraciones políticas globales negando la crisis económica en 2008 o las continuas declaraciones políticas europeas negando la insolvencia de Grecia en 2010 fueron irresponsables, el plan E fue un error para España aunque peor fue intentar solucionar el problema de nuestras cajas de ahorros fusionándolas, la falta de confianza que generaron los enormes fallos de los primeros stress test a la banca que realizó el Comité de Supervisores Bancarios europeos ayudó a agravar la crisis financiera de 2012…etc. Dicen que agua pasada no mueve molino pero aprender de los errores nos puede servir para no volver a cometerlos… si prestamos la suficiente atención.

*(Falta, como responsable/culpable **el mal diseño de la Eurozona** pero ese tema merece otro capítulo)*

3) Los Mercados

Los mercados financieros engloban, básicamente, la negociación en renta variable (las bolsas), en renta fija (tanto pública como privada, que es lo que entendemos como mercado de deuda), en divisas, en materias primas y en derivados que están basados en todo lo anterior. Tendemos a creer que los mercados financieros son una entelequia pero en realidad son la suma de millones de voluntades humanas y sus movimientos responden a ellas. Por ejemplo, si un gestor de un fondo de pensiones invierte las cuotas que ingresa en un bono de un país y éste hace una quita –como le pasó a Grecia- tendrá miedo de perder su trabajo y se volverá más prudente en la siguiente compra y exigirá menor riesgo incluso si obtiene menor rentabilidad. La suma de decisiones similares de muchos participantes en el sistema financiero en un mismo periodo de tiempo tiene consecuencias globales. Por ejemplo, esto explica el aumento de la prima de riesgo –que se compre deuda alemana aunque ofrezca poco rendimiento y no la española aunque aumente su interés- así como explica el movimiento contrario el que BCE con todo su poder garantice –y se le crea- que no va a permitir más quitas. Y cifras como el déficit, la tasa de paro, el PIB etc. son secundarias a la hora de tomar esas decisiones.

La existencia de los mercados financieros está envuelta en polémica ya que su funcionamiento permite que los estados y las empresas puedan obtener fondos a la vez que los inversores pueden obtener un plus a sus ahorros pero cuando hay un crash pueden provocar por sí mismos una crisis económica que afecta a todos. Ocurrió por ejemplo en el 2000 cuando una burbuja en acciones de bolsa –para más inri, la mayoría relacionadas con lo virtual- afectó a la economía real. Pero quizás la mayor crítica venga no en la compañía de seguros de vida que invierte su capital en deuda para obtener una rentabilidad suficiente con la que pagar a los herederos de sus clientes sino en la especulación, entendida vulgarmente como el que compra y vende sin interés de permanencia en el tiempo aunque para mi invertir es especular (ya que siempre se hace esperando un beneficio). Imaginemos un fondo que compra una participación en una gran compañía con vocación de permanencia en el tiempo y a los dos días surgen nuevas informaciones sobre esa empresa que le llevan a cambiar de opinión y venden y tienen la suerte de ganar mucho dinero o imaginemos que un fondo compra para vender rápido pero le va gustando la gestión que se hace y las perspectivas a futuro y acaba permaneciendo en el capital durante décadas… yo no veo diferencia entre invertir y especular.

El plazo de tiempo de la inversión/especulación sólo se diferencia en la psicología del inversor/especulador. Invertir a largo plazo es como tener un/a novio/a: te interesa saber todo de ella, en cada cita valoras si la tendencia de la relación va a mejor, al haber confianza una metedura de pata puede ser disculpable, el beneficio final es una incógnita pero mientras la cosa vaya bien, no hay ganas de romper. Sin embargo invertir a corto plazo es como tener una cita con un/a desconocido/a buscando sexo: saber cómo quiere llamar a sus hijos puede estropear la situación, el exceso de información no es bueno, básicamente se necesita saber si durante el encuentro se va a obtener el beneficio buscado y para ello sobra con saber si la hora, el sitio y la conversación son adecuados. Cualquier fallo puede estropear el objetivo, hay que estar muy atento y si se puede obtener éste en el menor tiempo posible, mejor. Una vez que se ha conseguido lo que se buscaba, no tiene sentido continuar y si se comprende que no se va a conseguir, lo mejor es retirarse y buscar otra cita distinta. Por desgracia, cuando nos jugamos el dinero en los mercados muchas veces mezclamos tomando lo más negativo de cada situación: compramos algo pensando en venderlo ganando X dinero sin tener en cuenta los factores de esa inversión en el corto plazo y apoyándonos en opiniones de medio y largo plazo y en lugar de cortar las pérdidas al darnos cuenta que nos ha salido mal, insistimos en lo mismo arriesgando más dinero y convertimos lo que pensábamos que iba a ser una cita rápida en un auténtico noviazgo. Por supuesto, al revés también pasa: estudiamos un valor, la tendencia del mercado, el análisis técnico y fundamental, hasta la estacionalidad favorable pensando en hacer una inversión de largo plazo y si en poco tiempo obtenemos un gran beneficio, deshacemos la posición vendiendo demasiado pronto y convirtiendo a la posible relación de nuestra vida en una cita más.

Antes de explicar los principales activos que se negocian en los mercados financieros, voy a intentar explicar de un modo lo más sencillo posible qué son

Los derivados.- Si todo fuera tan sencillo como pedir dinero cuando lo necesitamos y asumir el coste que tiene en ese momento, o prestárselo al banco cuando nos sobra y aceptar la retribución que nos dé, los derivados no habrían nacido. Pero los mundos financieros no son tan sencillos e intentaré poner un ejemplo cercano: Imaginemos que somos una empresa turronera que sabe que durante los meses de septiembre, octubre y noviembre necesitará mucho dinero para poder comprar nueces, almendras, miel etc. y que a su vez sabe que durante diciembre y enero tendrá un exceso de tesorería, fruto de las ventas navideñas ¿Por qué no puedo presupuestar desde meses antes lo que me va a costar la financiación y lo que me va a rentar el depósito de mi liquidez posterior? Para ello la mejor solución es que un empleado bancario, tomando el tipo de interés de los depósitos y con una sencilla fórmula que calcule cual será el tipo intermedio entre un periodo más largo y otro más corto, me ofrezca un precio a futuro con el que asegurarme -si me interesa- de un cambio brusco en los tipos de interés y así poder cuadrar mi presupuesto sin sustos.

De ahí, a especular sobre esos precios teóricos a futuro y usarlos para intentar ganar dinero con la evolución de los tipos de interés, hay un paso. Pero ese paso no es culpa del producto derivado que nace de una necesidad empresarial. Los derivados son necesarios para poder ofrecer coberturas de riesgos de tipo de cambio por ejemplo a las petroleras, que pueden invertir en libras o en euros de sus países pero acaban siempre cobrando en $. Otro ejemplo, ¿Cómo podría una empresa de autopistas disponer de la liquidez para iniciar las obras sin un coste aproximado de lo que le va a costar esa financiación en comparación a los ingresos de los peajes a años vista?

No quiero ni enseñar fórmulas ni explicar cálculos, sólo informar que los derivados (sean en forma de futuros o de opciones o de lo que sea) son instrumentos que no nacieron para la especulación sino para la cobertura y ya veremos que no es de los mayores riesgos del actual sistema financiero.

Deuda.- El funcionamiento del mercado de deuda pública primario es sencillo: los estados emiten –a diferentes plazos, desde letras a 3 meses hasta bonos a 30 años aunque los hay más largos- en subastas en las que previamente anuncian un rango de volumen y los interesados pujan pidiendo una rentabilidad –generalmente a diferentes precios- y el emisor decide dependiendo de las peticiones y de sus precios si emite en la parte alta o baja de ese rango de volumen. El tipo de interés lo fijan los solicitantes en subasta porque evidentemente el emisor siempre prefiere ofrecer la rentabilidad (pagar intereses) más baja. La inmensa mayoría de los que van a estas subastas son bancos que pretenden (aparte de lo que se quieran quedar para su cartera de inversión) básicamente colocar ese papel a sus clientes o a otros participantes de los mercados financieros a mejor precio (los que adquieren la deuda ganan cuanto más baje la rentabilidad). Si hay expectativa de subida de los tipos de interés o aumenta la desconfianza hacia el emisor de la deuda los inversores que quieren comprar exigen más rentabilidad al estado emisor y suele haber menor demanda de papel en la subasta y por lo tanto si el estado quiere colocar un volumen importante tiene que aumentar más la rentabilidad.

En cuanto al mercado secundario de deuda pública (en la que se negocian los títulos adquiridos en subasta entre diferentes entidades financieras), la liquidez, incluso en los peores momentos de la crisis, ha estado asegurada (no así el de renta fija privada) en España ya que, gracias al sistema de market makers (entidades que se comprometen a tener precios operativos la mayor parte del tiempo), siempre hay precios en el mercado para poder comprar y vender bonos ya emitidos en rangos razonables y todas las operaciones se publican en la web del Banco de España por lo que la transparencia es total.

El mayor problema del mercado de deuda en la Eurozona es la enorme diferencia (incluso en la actualidad que las primas de riesgo se han reducido mucho) de rentabilidades entre los diferentes países lo que encarece la financiación de unos respecto a otros y es una carga competitiva para las cuentas públicas. No obstante, tampoco tenía sentido, como por desgracia se ha comprobado, la situación de hace una década cuando Alemania y España eran AAA y emitían al mismo tipo de interés siendo la fortaleza de sus economías tan diferentes.

Para que las subastas de deuda tengan la liquidez suficiente es muy importante la cobertura que ofrecen los futuros ¿Por qué? Porque un banco va a solicitar a varios precios un importe a una subasta pensando en que después lo podrá colocar en su red de sucursales o sus comerciales lo venderán a fondos de pensiones y compañías de seguros (los clientes finales de deuda pública más típicos) o incluso que los podrá negociar a mejor precio con otros bancos pero la cobertura en futuros inmediata tras la adjudicación en subasta garantiza que el riesgo de que el tipo de interés varíe mucho hasta que lo coloque, quede minimizado. Un banco medianamente grande acude a subastas todas las semanas: un día son bonos a 10 años, otro a 3 años, otro son letras a 18 meses… y cada vez se suman nuevas emisiones con diferentes vencimientos. Gracias a la cobertura en futuros puede unificar la posición y no hay problema en acudir a todas a pujar por un precio que el trader bancario considere interesante ya que si compra más de lo que esperaba, al estar neutralizado el riesgo, lo único que tiene que hacer es negociarlo mejor en el mercado secundario. Es decir, irónicamente gracias a los derivados los estados pueden financiarse con mayor facilidad.

Evidentemente esto funciona en circunstancias normales, de poco sirve si por efecto del riesgo país la rentabilidad del bono portugués –por ejemplo- adquirido se dispara ya que el futuro en

Europa está referenciado al bono alemán (de ahí la enorme importancia del diferencial –la famosa prima de riesgo- con el bund, futuro del bono alemán). Entonces la cobertura no sirve y habría que recurrir a los CDS, seguros contra un posible impago de la deuda que son a su vez un instrumento especulativo (baja cuando la percepción de la solvencia mejora y sube cuando empeora).

Lo que está claro es que los endeudadísimos estados necesitan un mercado de deuda lo más líquido posible y eso los convierte en dependientes de la gran banca que suele ser la que más volumen adquiere. Además, todos están interesados en implicar a inversores extranjeros aunque sea un capital más especulativo. Lo que importa es poder colocar el papel a quien sea. También existe un mercado de renta fija privada que por desgracia durante la crisis se ha visto relegado a la mínima expresión por la desconfianza. Antes de 2008 la deuda emitida por las empresas se negociaba con facilidad, incluso las preferentes –entonces denominadas deuda perpetua, cuando no eran un producto destinado al gran público- se podían comprar y vender. Ignoro si llegará el día que se recuperará del todo pero es en este tipo de negociación donde más necesaria es la función de la compañía calificadora.

Ningún gestor, sea bancario o de un fondo de inversión, tiene la capacidad de estudiar a cada compañía (tampoco a cada país ni administración local) que emite deuda, de ahí que ciertas compañías se dediquen a ello asignando rátings. De este modo, diferentes tipos de deuda se pueden agrupar en torno a la nota que ofrecen y así valorar la ecuación rentabilidad/riesgo de cada emisión, Incluso el BCE tenía una norma –luego derogada para poder adquirir papel griego y chipriota- que le impedía comprar activos con una calificación demasiado baja. Con esto quiero dejar claro que si no existieran las agencias calificadoras habría que inventarlas y de hecho hay muchas sólo que hay 3 que son las más famosas (las norteamericanas Moody´s y S&P y la francesa Fitch) ya que cubren con sus "notas" la inmensa mayoría de emisiones mundiales. Tienen muy mala fama a partir de sus errores anteriores a la crisis si bien su mayor equivocación fue el exceso de confianza en las compañías y su optimismo, es decir, no hicieron nada diferente que otras agencias públicas (como el FMI o el Banco Mundial), que los políticos o que la mayoría de inversores y analistas bursátiles. Mal por los errores, claro. Sin embargo, con la crisis de la deuda de la Eurozona se las volvió a criticar por sus recortes del rating a países (es decir, por su pesimismo y falta de confianza) acusándoles de profundizar la crisis cuando no de originarla.

Ignoro si las agencias de calificación son independientes o no –y desde luego es algo que se debería vigilar muy bien por las autoridades financieras dada su importancia- y no tengo ningún motivo para defenderlas pero yo viví de cerca la crisis que se inició a finales de 2009 con la publicación de las mentiras de los datos de Grecia y creo que las agencias de calificación actuaron mucho mejor que en 2007, con mucho más realismo. Y aun así, siempre fueron por detrás de los mercados. Las sucesivas bajadas de rating a diferentes países llegaron después de que, por ejemplo, sus CDS (o seguros contra el impago de la deuda soberana) ya descontaran en sus cotizaciones que esa deuda aumentaba su riesgo de no ser confiable. Por lo tanto, igual que cometieron graves errores (como casi todos) antes de la crisis de 2008 (desde calificar dudosos activos inmobiliarios norteamericanos con la máxima calificación a mantener una buena nota a Lehman Brothers hasta días antes de su cierre), no creo que actuaran mal en la crisis de la deuda de la Eurozona 2010-2012 y desde entonces su comportamiento creo es mucho más meditado y profesional y que por lo tanto aprendieron la lección. Los que abogan por una agencia de calificación pública europea creo se equivocan ya que ningún inversor se fiaría de cómo la propia UE va a calificar a uno de sus miembros ya que es parte interesada, es decir, no podría asegurarse su independencia. Si dicha agencia hubiera existido a comienzos de 2010 cuando los políticos de la UE y el BCE repetían una y otra vez que Grecia era solvente, hubieran hecho aún mayor ridículo que el que las otras hicieron en 2008.

Divisas.- 44 países firmaron el acuerdo de Bretton-Woods en 1944 –un año antes del nacimiento de la ONU, lo que ejemplifica la importancia que le dieron- por el que establecían al $ como moneda de referencia de la economía global. Rusia, que estuvo en la reunión, finalmente no firmó pero eso no lo evitó: la mayoría del mundo debía dinero en $ a los EUA y eso no cambiaría en décadas puesto que iba a financiar la reconstrucción de Europa. Se estableció un cambio fijo de 35$ por cada onza de oro y de las principales divisas mundiales respecto al $ y de este modo, cualquier banco central del mundo con 35$ podía exigirle a los EUA que les dieran su onza de oro. Lo cierto es que el mundo entero se vio inundado por $ gracias a inversiones, créditos, guerras como la de Vietnam que dispararon el gasto… El francés De Gaulle criticó que los EUA tuvieran tanto privilegio ya que lo cierto es que se calculaba que sólo el 20% de los dólares en circulación estaban respaldados por oro y su política monetaria, manejada sólo por ellos, afectaba a todo el globo. De esta forma, una pérdida de confianza súbita podría provocar un pánico bancario global. Un visionario.

En 1971 los EUA tuvieron déficit comercial por primera vez en el siglo XX por culpa de tener su moneda tan cara lo que perjudicaba a sus exportaciones. Los países europeos comenzaron a cambiar los dólares sobrevalorados por marcos alemanes y por oro. Cuando Francia y Gran Bretaña demandaron a EE.UU. la conversión de sus excedentes de dólares en oro, la respuesta pilló por sorpresa al mundo económico: el presidente Richard Nixon impidió las conversiones del dólar y de esta forma lo devaluó abandonando definitivamente el patrón oro. Así consiguió que las exportaciones estadounidenses fuesen más baratas y alivió el desequilibrio comercial. Desde ese momento, el valor de las monedas pasó de un sistema de cambios fijos a fluctuar a cada momento tal y como lo conocemos hoy. No tengo dudas que fue un robo mayúsculo de los EUA hacia el mundo ya que redujo el valor de todas las reservas de todos los bancos centrales al devaluar el activo principal que las componía, el dólar. Sin embargo, el uso de la divisa y el prestigio económico de los EUA apenas se vieron afectados y sigue siendo la divisa de referencia en el comercio mundial y en las reservas de los bancos centrales.

En cualquier caso, desde 1971 existe un cambio fluctuante en casi todas las divisas. Como el resto de mercados financieros, el del fórex muestra una clara divergencia entre su teoría (algo así como que el valor de una divisa respecto a otra depende de los tipos de interés de cada país y la balanza comercial entre ambos) y la práctica ya que si los cambios dependieran sólo de las cifras, el precio sólo se movería puntualmente unas pocas veces cada mes en lugar de a cada segundo. Por volumen puede que sea el mercado más importante aunque hay que resaltar que la mayor parte de lo que se mueve en los mercados de divisas es producto del intercambio, tanto comercial como especulativo, de otros activos entre distintas áreas económicas. Es más frecuente que un fondo de inversión noruego cambie sus coronas a $ porque quiere comprar deuda norteamericana o acciones de Google que el que lo haga para apostar por una subida de valor del $. En cualquier caso es muy difícil diferenciar tanto la intención como el origen de las continuas operaciones de intercambio de divisas y además hay muchos tipos, no es sólo comprar otra moneda con la propia en el momento. Pero como ya comenté con los derivados, no quiero profundizar en los diferentes tipos de transacciones porque esto no es un tratado pero sí quiero comentar una por la influencia que tiene en las crisis: el carry trade. En teoría este término describe el hecho de financiarse o pedir prestado en activos de bajo rendimiento para colocar o invertir en instrumentos de alto rendimiento. Un ejemplo: un banco emite deuda al 4% y con ese dinero compra otra deuda al 5%. Es fácil deducir que algo raro habrá en eso y sí, eso suele pasar cuando por obtener más rentabilidad, se aumenta el riesgo (en este caso se compra deuda de peor garantía). Sin embargo, los propios bancos centrales han promovido esta operativa al inyectar dinero barato a la banca sabiendo que ésta la invertiría con un gran beneficio en activos, no sólo de alto riesgo, incluso con un periodo temporal distinto (tomar a corto y prestar a largo con la confianza de poder recurrir al banco central).

Vamos a ver cómo se suele usar el carry trade en divisas. El mecanismo, simplificándolo mucho, es el siguiente: si un banco tiene fondos que en su moneda le rentan un 1% y cambiándola a otra divisa consigue un 2% (porque los tipos de interés de cada banco central son diferentes), hace el cambio confiando en la estabilidad del tipo de cambio entre ellas. Es una operativa muy peligrosa porque por ganar un diferencial en tipos de interés se puede perder mucho más si la moneda comprada se aprecia. Veámoslo con un ejemplo: si yo tengo escudos que me dan un 1% anual y los cambio a doblones que me dan un 2% anual ese 1% que gano al cabo de un año puedo perderlo si cuando hago el cambio lo hago pagando 1 escudo por cada doblón y al cabo de 12 meses, al recuperarlos, el cambio se ha movido un 10% en mi contra y por cada doblón sólo me dan 0.9 escudos. Es posible hacer operaciones de cobertura para cubrir ese riesgo pero sólo algunos las usan y el motivo es el siguiente: como el carry trade en divisas es algo que hacen muchos hay un gran flujo de dinero hacia esa moneda que ofrece mejor rentabilidad por lo que habitualmente no sólo se gana dinero con el tipo de interés, también con el cambio de divisas. Una vez más, la avaricia puede más y por eso, aun existiendo coberturas, muchos no las usan. Estas operaciones se han concentrado los últimos años en el yen por un lado y por otro, en divisas de economías emergentes ya que ofrecían más posibilidad de negocio.

No es la primera vez que el carry trade provoca una crisis porque es muy sencillo que un país tenga problemas –por lo que sea, pueden ser geopolíticos o económicos- y todo el flujo de capital especulativo que recibía, de repente huya de golpe. Además, es fácil que se contagie y los inversores que deshacen posiciones en Camboya –por ejemplo- también lo hagan en Vietnam y de ahí pasen a Sudamérica etc. etc. Es algo que ya ha pasado, que sigue pasando y que pasará y nadie parece preocupado por ello. Es lo que tiene el que todo esté relacionado. Algo inesperado en la economía de cualquier punto del globo, aunque sea en una pequeña economía, puede hincharse y convertirse en algo global. Y también puede ocurrir lo contrario, que sean los flujos de capital (volviendo a su país de origen) los que provoquen una crisis económica al repatriarse por motivos que nada tengan que ver con el país afectado. Un ejemplo práctico de carry trade de divisas ha ocurrido en España con miles de familias que contrataron hipotecas multidivisa confiando en que la estabilidad del cambio del € contra el yen o el franco suizo les permitiría beneficiarse de los bajos tipos de interés de Japón y Suiza. Pero resultó una operación especulativa de alto riesgo: nadie que gane su dinero en € debería endeudarse en otra divisa diferente y menos con lo larga que es la vida de una hipoteca y lo volátiles que son los cambios de divisas.

Materias Primas.- El mercado de commodities engloba muy diferentes productos por lo que su generalización no es muy exacta. En general, es el crudo el que más influencia tiene sobre los demás, no sólo por lo que su precio incide en los costes del transporte, también porque sus movimientos se relacionan con un mayor o menor consumo global, algo capital para todas las materias primas. No obstante, al negociarse todas principalmente en $, el valor de esta divisa también tiene capacidad de modificar las cotizaciones (a mayor valor del $ se corresponde un descenso del precio del aluminio, la plata, el gas natural etc.) así como las características peculiares de cada uno. Aunque se engloben juntos no es lo mismo el café, que puede depender del clima o de un riesgo geopolítico en un gran país productor, que el cobre, vital para la industria moderna, que el oro, que apenas se usa industrialmente y tiene un componente más monetario. Las materias primas más negociadas son el petróleo (especialmente el West Texas norteamericano y el Brent europeo), el café, el gas natural, el oro, la plata, el azúcar, el maíz, el trigo y el algodón por eso es muy poco apropiado, como dije, incluirlos a todos bajo la misma denominación.

Los primeros derivados están muy relacionados con las materias primas agrícolas. Para explicar por qué contaré un caso real que viví en primera persona: a finales del pasado siglo se intentó crear en España un mercado de futuros de la naranja, similar al que funciona con éxito hace muchas décadas en los EUA, y por entonces yo trabajaba en la tesorería de uno de los bancos que participaban en su lanzamiento. Se buscaba que los productores de naranjas pudieran asegurar la colocación de parte de su stock a un precio fijo antes de saber si por los efectos del clima éste iba a ser superior o inferior y de este modo podían disponer de una cierta cantidad de dinero antes de la cosecha vendiendo el futuro y a la vez se intentaba que los compradores del producto supieran el coste desde meses antes de la entrega adquiriendo el futuro. Se enviaron comerciales para explicar el producto, se garantizaron varios puntos de recogida, se homogeneizaron los criterios de los diferentes cítricos...pero fracasó. No interesó a los especuladores y por lo tanto su volumen fue tan bajo que pronto los únicos precios que había eran los de los bancos que por su condición de "market makers" debíamos cotizarlos. Suena triste pero suele pasar así: si un producto de negociación se queda sin especuladores, se queda sin volumen y tiende a desaparecer. Hay quien cree que tanta negociación "virtual" basada en las materias primas implica una mayor volatilidad pero no es cierto, la alta volatilidad ha existido siempre y productos que no se negocian en mercados organizados como la cebolla se mueven más que el maíz que sí lo hace. Por eso en principio no debería ser preocupante que haya tanta especulación en los mercados de materias primas ya que la liquidez siempre es positiva, lo que no se debería permitir es que hubiera cuasi-monopolios y unos pocos grandes fondos o unos bancos de inversión con su capacidad financiera, controlen el mercado.

La popularización de los ETF´s (fondos especializados que cotizan como si fueran acciones) ha popularizado, por su facilidad, la inversión en muchos productos (hay ETF´s de casi todo) y ha acercado el mercado de materias primas, antes menos accesible, al gran público. Que cada uno invierta/especule donde quiera, tan sólo quiero hacer una advertencia acerca del oro. Sé que tiene una historia casi mítica y muchos le siguen considerando el "dinero real" pero esa aureola que tiene de "producto refugio" algunos no la entienden como deberían. Se le denomina refugio porque suele subir de precio ante una situación de inestabilidad grande como un gran atentado ya que se demanda el producto pero invirtiendo en él se puede perder tanto dinero o más que en la renta variable por ejemplo. De hecho, la volatilidad media del oro es similar a la de la bolsa (basta ver lo que subió su precio (a propósito de Ucrania) y luego bajó en 2014. Nada en lo que se puede perder un 30% del capital invertido como le pasó al oro en 2013 es un refugio, así que compren o vendan oro si les apetece pero adquirir un ETF, un futuro, un CFD o una acción relacionada con el oro no es lo mismo que tener lingotes en casa, es un producto especulativo más.

Bolsa.- Un inciso: la fortaleza o debilidad de la divisa o los intereses que se pagan por las emisiones de renta fija pública deberían ser más importantes que la bolsa pues afectan más a los datos económicos del país pero el mundo bursátil tiene un impacto psicológico en la confianza que lo convierte en el "favorito" y además es un mercado accesible al gran público –millones de españoles tienen dinero invertido, directa o indirectamente, en acciones-. Su evolución es tan seguida por los medios que por ejemplo en España éstos ignoraron tanto el mercado de deuda -hasta que en 2010 todos pudieron comprobar su gran importancia- que cuando empezó la crisis de la deuda de la Eurozona algunos periodistas económicos ni siquiera conocían la terminología más básica y extraían conclusiones disparatadas por puro desconocimiento del funcionamiento de ese mercado.

Cuando finalizaba la Edad Media en Europa en lo que hoy conocemos como Benelux se ampliaban los negocios mercantiles a través de todo el mundo utilizando rutas comerciales recién descubiertas. Pero los riesgos para invertir eran muy altos y el desembolso muy importante: equipar una flota de barcos con destinos remotos que podían naufragar, por mucho beneficio que se obtuviera, podía significar que un solo viaje malogrado provocara la ruina de cualquier inversor. Una asociación con otra gran fortuna implicaba dejar de poseer la gestión exclusiva del negocio por lo que surgió la idea de crear participaciones del negocio entre pequeños inversores a cambio de una rentabilidad (dividendo). De este modo, un inversor podía prescindir de hasta el 49% de su negocio, conseguir financiación sin coste y, a cambio, sólo tenía que repartir un máximo del 49% de sus beneficios (si estos llegaban) y continuar dirigiendo la compañía. De ahí a que se creara un mercado donde negociar estas acciones hubo un corto paso. Así, la primera bolsa moderna –donde se reunían compradores y vendedores- se fundó en 1460 en Amberes. Con ello, el que compraba acciones pensando en un futuro dividendo, pasó a poder ganar dinero sin tener que esperar tanto. Si alguien sabía que algún barco había tenido un percance o que el precio del producto transportado había bajado, podía deshacer su inversión. En cuanto se divisaba la flota por el horizonte, sin llegar a conocer su contenido, se podía especular con ello y comprar o vender acciones. En la actualidad un cargamento de petróleo o de diamantes suele cambiar de propietario varias veces desde el puerto de origen hasta el de su destino.

Como se puede apreciar, el "mercado", aunque haya crecido mucho, no ha cambiado tanto: se crean unos instrumentos para la inversión que llevan a la especulación. El proceso tiene que ver con la propia psicología humana, si hay algún "culpable" es nuestro propio afán de querer más y se puede extender al mercado de la vivienda...o al de los sellos. Y el dividendo, aunque sigue teniendo cierta importancia, ha perdido valor como argumento para invertir ya que la volatilidad es tan alta que esa rentabilidad se puede ganar o perder, por la evolución del precio, en minutos.

Así pues, la empresa que emite acciones en la actualidad -como entonces- lo hace porque le sale más rentable perder una parte del beneficio de la compañía que endeudarse (y quizás perder capacidad de gestión al depender de los bancos). En los últimos años en España tenemos el caso de Amancio Ortega, un personaje que parecía de ficción por su secretismo hasta que decidió publicitarse, unir todas sus empresas en una marca -Inditex-, emitir acciones -y con ello tener que repartir parte de sus beneficios- y así conseguir financiación para su expansión mundial en lugar de recurrir a pedir créditos a la banca. Como en el siglo XV. Que luego dichos accionistas hayan vendido sus acciones, que otros las hayan comprado, que se hayan creado futuros y opciones sobre ellas o que la compañía pertenezca o no al Ibex poco tiene que ver con Amancio Ortega. Eso sí, el precio de esas acciones que hay en el mercado (que no llegan a ese 49% máximo del ejemplo, es mucho menos) da valor al 100% de la empresa, con lo que cuanto más altas estén, mejor para Inditex. Como caso opuesto tenemos a Mercadona que, al no necesitar financiación, no quiere salir a bolsa y así no reparte con nadie sus beneficios o al Corte Inglés, que sí necesita financiación pero de momento prefiere recurrir a créditos bancarios.

Hay una gran ventaja en la inversión bursátil: es líquida. Las bolsas -al menos las de los países más serios- son un mercado organizado donde se puede comprar y vender con garantías, y eso es importantísimo porque determina que la posibilidad de hacer efectiva -compra o venta- la inversión, es rápida y su coste fácilmente calculable. Incluso si invertimos en derivados (futuros, opciones etc.) hay un mercado más organizado que por ejemplo el inmobiliario o el de obras de arte, en los que nunca se puede estar seguro de encontrar contrapartidas. Aunque periodísticamente se suela oír la expresión "ha salido mucho papel o ha entrado mucho dinero" para justificar los movimientos bursátiles, cuando la bolsa sube es porque hay más interés en pagar más por lo que el día anterior valía menos y cuando baja al revés pero el volumen de compra y venta es el mismo.

La bolsa suele ser el mercado que primero nota las crisis porque al ser tan líquido es muy fácil vender los activos para el que necesita liquidez. El volumen de un solo día de negociación que lo mismo no es ni el 1% de todas las acciones emitidas puede provocar variaciones multimillonarias en la capitalización de toda la empresa. Esto es grave pero sólo parece preocupar cuando la tendencia es bajista y no al revés cuando es igual de grave que algo se revalorice artificialmente por unos pocos cruces que lo contrario. Pero hay un creciente interés de las autoridades para controlar la bolsa y que ésta no baje pues su dinámica influye en la economía hasta el punto de ser causa de acontecimientos en lugar de ser consecuencia de ellos, el propio Greenspan en 2009 reconoció que la bolsa es capaz de mover la economía.

La mayor parte de los que compran acciones no lo hacen pensando en el dividendo sino en el potencial de la empresa para que las acciones suban de precio y así poder vendérselas a otros que tampoco buscarían el dividendo como objetivo primordial sino a su vez vendérselas a otros a un precio superior. Y así sucesivamente hasta que se llega a un precio al que nadie tiene interés en comprarlas. Cuando esto último sucede suele ocurrir que la bajada del valor de la acción es muy rápida pues si el principal motivo para comprar es pensar que se puede vender más arriba si la tendencia es bajista, ¿para qué comprar? Esa es la explicación de por qué las tendencias al alza son más lentas que las correcciones y tendencias bajistas, mucho más violentas.

En 1856 el barco que llevaba desde la Metrópoli a la Guayana inglesa los sellos se retrasó y ello llevó a que en la colonia emitieran unos propios de color magenta y que para evitar su falsificación, fueran firmados por los expendedores. Hoy uno de esos sellos de 1 céntimo está valorado en 1 millón de $. Entre medias ha habido varias ventas y varias compras, cada vez por más valor. Pues así de arbitrarias pueden ser también las valoraciones de la bolsa No existe una valoración exacta de nada y tampoco de las empresas, algo vale lo que otro esté dispuesto a pagar por ello y muchas veces eso depende de circunstancias ajenas. Un ejemplo: el Corte Inglés no cotiza en bolsa y podemos asumir por sus beneficios y su patrimonio con un análisis fundamental detallado que su valor total es, por ejemplo, 10 pero si saliera a bolsa al mismo tiempo que Inditex amplía capital y en un mercado global a la baja, lo mismo sólo obtendría 8 y si el mercado está al alza lo mismo podría colocarlo a 12. Ninguna valoración es inmutable ya que depende de la oferta y la demanda. Es decir, nadie conoce el precio real de las acciones pues varía constantemente y no es controlado por la compañía en sí sino por los vaivenes de los mercados. El problema es que el inversor normal sólo suele conocer la operativa de comprar unas acciones o de vender las que ya tiene luego suele ganar dinero solo si el mercado sigue subiendo indefinidamente.

Es lógico pensar que si la economía va bien, la bolsa suba: hay más consumo, más crédito porque hay confianza, el dinero fluye… normal que eso se traduzca en más inversiones en general y en la renta variable en particular. Y suele ocurrir así pero hay notables excepciones, nuestro Ibex por ejemplo sufrió 3 años seguidos de bajadas en el 2000, 2001 y 2002 (la peor racha hasta la de 2010-2012) mientras el PIB crecía y bajaba la tasa de paro. Sí, se explica por el estallido de la burbuja puntocom, por el 11-S, por el enorme peso que tenía Telefónica y sus empresas en el índice… pero ocurrió. Otro ejemplo más reciente es la bolsa china, un país que mejora, quizás algo menos de lo esperado, pero cuya bolsa ha estado años sin levantar cabeza a pesar de las fuertes alzas del PIB. Por lo tanto, sí, lo normal es que si la economía va bien la bolsa suba pero hay que tener en cuenta otros factores.

También se suele pensar que un país cuya economía va mal, con un PIB en recesión y sin creación de empleo, debe tener reflejo en una bolsa a la baja. Tiene lógica pero tampoco es una norma fija ni mucho menos y la prueba la tenemos en la mayoría de bolsas de la €zona que subieron en 2013, justo cuando se vieron los peores datos macro de la crisis. El ejemplo más llamativo podrías ser el de Grecia, un país devastado cuya bolsa tuvo un rebote espectacular ese año. Una vez más hay argumentos que lo explican: antes bajó demasiado, las cifras eran malas pero no tanto como se esperaban y, sobre todo, la rentabilidad de la deuda mejoró mucho lo que indica que entró mucho dinero foráneo… Seguramente sea por eso pero el caso es que la bolsa puede subir estando mal la economía.

Por supuesto, cualquiera puede echar por tierra los dos párrafos anteriores arguyendo que la bolsa se mueve por expectativas y que por lo tanto, sube porque se descuenta una mejora respecto a la situación actual y baja porque se espera una situación peor. Efectivamente, la opinión sobre el porvenir incide mucho en el ánimo de los inversores y puede determinar los movimientos, estoy de acuerdo pero ¿aciertan? ¿Si la bolsa sube significa que la economía mejorará y si baja significa que empeorará, es cierto que la renta variable es como el mítico Oráculo de Delfos y puede adivinar el futuro? Ojalá pero por desgracia también los hechos echan por tierra esa impresión: la crisis inmobiliaria en los EUA empezó más de un año antes de los máximos del S$P500 en octubre de 2007 y dichos máximos no significaron un 2008 de crecimiento económico ya que 2008 fue un año de recesión. La bolsa en 2008 bajó mucho pero en 2009 la economía de los EUA creció. También el Eurostoxx (índice que engloba las mayores empresas de la €zona) subió en 2012 y a pesar de ello en 2013 la €zona entró en recesión y marcó sus máximos históricos de tasa de paro.

Hay quien defiende que hay que afinar más, que si la bolsa empezó a bajar en noviembre de 2007 fue porque avisaba de lo malo que pasaría en 2008 y que si empezó a subir en marzo de 2009 estaba avisando de lo bueno que iba a ser ese año, otorgando a la bolsa no sólo una infalible capacidad predictiva, además que es capaz de hacerlo en movimientos de corto plazo. Sin embargo, esa teoría falla ya que hemos visto movimientos muy fuertes de la bolsa –arriba y abajo- que no han tenido repercusión en el crecimiento económico destacando entre todos el mítico crash de 1987 que a pesar de su virulencia tuvo una consecuencia cero en las cifras macro. Sin ir tan atrás en el tiempo, de marzo de 2009 a enero de 2010 el Ibex se marcó un rally desde 6700 hasta 12 mil ¿el desempeño económico de España en 2010 lo justificaba? Por supuesto que no, la volatilidad de un activo puede no significar nada, en junio de 2013 vimos cómo el Ibex llegó a cotizar por debajo de 7600 y 4 meses después estaba en 10 mil ¿Qué movimiento económico estaba pronosticando cada cotización? Wall Street bajó en enero de 2014 y ese año no hubo ninguna recesión en los EUA… Es fácil encontrar casualidades pero no lo es tanto hallar causalidades.

Para intentar dilucidar la tendencia bursátil, hay tantas herramientas que explicarlas todas daría para una enciclopedia pero podemos resumirlas en el análisis fundamental (basada en los datos y cuyo principal problema es que suele basarse en las informaciones que da la propia compañía analizada) y el análisis técnico (en el que es la evolución del precio, normalmente con la ayuda de gráficos, la principal arma utilizada para predecir su comportamiento a futuro). Los últimos años han demostrado que el principal motor para las subidas bursátiles es la liquidez proporcionada por los bancos centrales. Ya antes se estudiaba lo que se llama el análisis de flujos. Si muchas compañías hacen OPV´s (ofertas públicas de venta) significa que el mismo dinero circulante se encuentra con un exceso imprevisto de nuevos papeles que negociar; por otra parte, si sale dinero de la renta fija y entra a la renta variable hay más liquidez para comprar papeles. Hay analistas que se dedican nada más que a medir estos flujos: en el lado positivo (inyección de liquidez) coloca las compras de acciones propias para autocartera que hacen muchas compañías, las opas que puede haber (compras de unos sobre otros), los ingresos de efectivo en los fondos de renta variable…y en el negativo las OPV´s que ya comenté, las ampliaciones de capital, las retiradas de dinero de los fondos de renta variable… Es necesaria mucha exactitud y una fiabilidad total de los datos pues en teoría hay una cantidad determinada de dinero circulante y si se puede analizar el destino de todo se puede predecir qué inversiones -inmobiliarias, bursátiles, de commodities etc.- tienen más exceso de dinero o de papel.

Desgraciadamente no es tan fácil tener esos datos a una misma fecha ni localizar todos los flujos monetarios que existen en el mundo (dinero negro, paraísos fiscales etc.) y por eso es un análisis que, aun siendo del mejor y más concienzudo analista, es, como todos los demás, un instrumento más pero demuestra que la bolsa puede estar desconectada de la economía real pero nunca de la liquidez circulante.

No hay que precipitarse, ni siquiera a posteriori, en sacar conclusiones de los movimientos de la renta variable y su significado. No creo que la evolución de la economía española en 2014 hubiera sido peor si el Ibex hubiera acabado 2013 en negativo (por ejemplo si Wall Street hubiera reducido su rentabilidad anual por una posible dilatación del cierre del gobierno, por las discusiones del techo de deuda o por la guerra –que finalmente no ocurrió- en Siria) en lugar de subiendo más de un 20%. Del mismo modo, el que España crezca más del 2% y cree empleo podría ocurrir con un Ibex a la baja. Y exactamente lo contrario. Y es que en la bolsa hay muchos factores, no se puede simplificar y quizás el más importante sea el menos cuantificable: el factor humano. El miedo explica las bajadas bursátiles más que un mal dato de PIB y la codicia conduce a más burbujas que unas excelentes cifras de empleo. No estoy diciendo que no haya que conocer los datos macro (yo soy el primero que los sigo) ni renunciar a un buen análisis fundamental antes de invertir en una compañía pero sinceramente creo que cuando se trata de renta variable, es posible que un buen psicólogo tenga más valor que un economista. E incluso en ocasiones se echa de menos a un buen siquiatra.

Nunca he entendido por qué es tan popular una inversión tan arriesgada como la bolsa. Voy a recordar una reflexión que Charles Ellis hizo cuando estaba gestionando el fondo de dotación de 15 millones de dólares de la Universidad de Yale que decía algo así: *"Si se ve un partido de fútbol profesional, es obvio para todos que los deportistas que hay en el campo son mucho más rápidos, más fuertes y más dispuestos a soportar e infligir dolor que cualquiera de los espectadores. Seguro que si se animara al público a participar en una confrontación contra ellos la respuesta mayoritaria sería el rechazar la invitación por ser demasiado arriesgado. Sin embargo, sabemos que el 90% del volumen del mercado de valores se lleva a cabo por las instituciones y por profesionales comprometidos, muy bien preparados, muy bien informados y –añado yo- mucho más rápidos, más fuertes y más dispuestos a soportar e infligir dolor que cualquiera, ¿No sería entonces lo más inteligente rechazar la invitación a jugar con ellos por ser demasiado arriesgado?"*. Pero ya que es tan popular, no quiero acabar con este capítulo sin dar algunos

-**Consejos muy básicos para inversores particulares**: (*entiendo son extrapolables a cualquier inversión*) Cuando alguien me dice que quiere iniciarse en bolsa siempre le digo que antes debe evaluar su nivel de compromiso y la intención que tiene. Me explico: **el nivel de compromiso** es necesario porque no sólo es importante el dinero que se va a utilizar, aún lo es más conocer el tiempo que pretende dedicar. Ese puede ser el factor que determine el tipo de operativa (si de corto o medio plazo) y los productos (contado, futuros, CFDs…) que más le convienen. No debemos olvidar que con la volatilidad actual, incluso un inversor bursátil esporádico, puede arriesgar en unas horas el sueldo de todo el mes…y eso son muchos madrugones. Y cuando me refiero a **la intención**, intento saber si la persona que se quiere meter en el mundo de la bolsa tiene como principal objetivo ganar la mayor cantidad de dinero posible o distraerse. Y aunque la respuesta parece muy obvia no lo es; este factor es clave porque hay quien disfruta más llevando razón que ganando dinero o comprando y vendiendo por entretenimiento; hay hasta quien acaba considerando que le falta algo y se aburre cuando no está invertido en algo. En este punto un posible buen inversor se puede convertir en un adicto que opera en exceso y por lo tanto comete más errores. El análisis fundamental, el técnico, las pautas estacionales...ninguna de estas herramientas servirá si no tenemos disciplina psicológica.

Si se tiene claro que lo que se busca es rentabilidad, entonces se puede ser objetivo y comprar si la tendencia es alcista aunque tu opinión sea bajista: sólo se comprará o venderá cuando haya altas posibilidades de obtener un beneficio, seremos menos impulsivos y eso se traducirá en menos y mejores operaciones porque el primar el dinero sobre los sentimientos permitirá poder cortar las pérdidas y dejar correr las ganancias. La clave está no en acertar más, sino en ganar más cuando se gana que lo que se pierde cuando se pierde. Teniendo esto claro ya se puede hablar de métodos de inversión o de productos y quiero recordar que no sólo se puede apostar al alza o a la baja, también existe la operativa basada en diferenciales, que pueden dar un buen beneficio con un riesgo menor. Hay inversores que compran deuda española y venden italiana, que compran oro y venden plata, que compran BBVA y venden Santander (o todo ello al revés), pesando en que el comportamiento de uno será mejor que el del otro (o menos malo si ambos bajan). En general, no hay mayor riesgo –si excluimos la quiebra del valor en el que operemos– que el direccional: que compres y baje o que vendas y suba, por eso no se deben excluir otras opciones.

El método de inversión del idolatrado Warren Buffet, de comprar "un buen valor" y olvidarse, no es posible para un individuo normal ya que sólo un multimillonario de su edad puede permitirse algo así, el resto debe asumir un coste máximo de pérdidas. Pensar que siempre acertaremos no es realista. Hay que ser humildes con las ganancias –la suerte siempre es un factor– y asumir las pérdidas con resignación, sin echar las culpas a otro que no sea uno mismo. Mi punto de vista siempre es el de limitar las pérdidas ¿Por qué? Por la experiencia: hemos visto incluso compañías líderes como Yahoo, Nokia o Kodak hundirse –literalmente– en bolsa. Asumir una cantidad (o un porcentaje) máximo de pérdidas limita las pérdidas y permite volver a disponer de ese efectivo para buscar nuevas opciones.

La idea de que algo según baja de precio más barato puede ser cierta en el supermercado pero no en la bolsa. Un valor no es barato porque su precio sea inferior al de ayer, lo es si mañana está más caro. Las acciones de Apple comenzaron 2012 cotizando a 405$, en 2 años habían doblado su precio y sin embargo estaban baratas porque 3 meses después se podían vender por encima de 600$; por el contrario, Santander empezó ese año cotizando a 6 euros, habiendo perdido un 50% de su valor los dos años anteriores y sin embargo estaban caras porque 3 meses después valían menos de 5€. Sé que es muy difícil asimilarlo porque estamos acostumbrados en nuestra vida cotidiana a pensar que algo que está más barato que ayer es mejor para comprar que algo que está más caro pero es que no debemos confundir lo que compramos para consumir que lo que compramos para vender.

En una calle hay dos bares vacíos de similares características y llega un potencial cliente que se decide por uno de ellos sin ninguna razón especial, simplemente porque no puede entrar en los dos a la vez. Al llegar un segundo cliente ve que en uno de los bares hay una persona y el otro está vacío, por lo que entra en el que ya hay una persona pensando que habrá elegido ese bar por algo: el precio, un mejor servicio, lo que sea. El tercer cliente sigue el mismo razonamiento y piensa que los dos primeros habrán tomado su decisión por alguna razón sólida y se fía de su criterio. Al cabo de un rato uno de los bares está lleno y el otro sigue vacío, ya que para los sucesivos clientes cada vez está más claro que no puede ser casualidad que todos los clientes estén en uno de los bares y en el otro no haya nadie. La elección al azar del primer cliente determinó las posteriores decisiones de todos los demás, que no se pararon a comparar precios, servicios, productos, etc. de ambos bares pensando que otros ya lo habían hecho por ellos. Este ejemplo de la economía real que puede arruinar a uno y enriquecer a otro es trasladable a los mercados financieros y lo hemos visto muchas veces. Nunca hay que olvidar que los mercados no son justos y que la suerte siempre está presente aunque a la larga no sea el factor determinante.

No hay métodos milagrosos y hay que desconfiar de los que los venden. En una ocasión un famoso alquimista escribió una obra titulada "Crisopeya o arte de fabricar oro" y se la presentó al papa León X, dando por hecho que una obra que enseña a fabricar oro tiene un valor inapreciable y esperando ser recompensado generosamente por hacer entrega de esta información a la Santa Madre Iglesia. Pero el papa León X le entregó al ilustre alquimista una bolsa vacía en pago por su obra. El alquimista pidió una explicación al pontífice y este le contestó: "*No te doy la bolsa llena de monedas porque, sin duda, te será fácil llenarla aplicando tus conocimientos*". Esta anécdota verídica resume lo que pienso de los que venden métodos para hacerse ricos con el mercado…si sus métodos son tan buenos, no los ofrecerían. Otra cosa es la formación que es imprescindible: hay que aprender la teoría y la práctica (se puede hacer esto último sin dinero, con cuentas virtuales o simulando operaciones) antes de invertir cualquier cantidad de dinero real. Merecerá la pena el esfuerzo, es absurdo trabajar tanto para conseguir unos ahorros y luego arriesgarlos sin tener la suficiente preparación para ello.

Y un consejo final a todos los que quieran invertir en bolsa: La humildad es a mi juicio la cualidad más olvidada de las necesarias para esto. Intentar ganar dinero en bolsa empieza siempre con una rentabilidad negativa (las comisiones) y supone comprar un activo del que otro se ha desprendido y confiar en que otro estará dispuesto a pagar por él en poco tiempo más que tú. Es así de básico pero también así de osado. Y para colmo, además de todos los factores que puede desconozcamos en ese momento respecto a la inversión que hemos elegido, está el factor suerte: desde una presentación de resultados de otra compañía diferente a la que hemos comprado pero que le afecta, a una encuesta empresarial en Chicago que se hace pública e influye en el precio de nuestras acciones de una cervecera checa (por poner un ejemplo) debido a la globalización. E incluso el que nos hayan engañado en las cifras que hemos manejado a la hora de decidirnos a invertir, como les pasó a los que hace años compraron Bankia en su salida a bolsa. Hay estadísticas que dicen que a largo plazo la bolsa suele ser la mejor inversión pero también hay múltiples ejemplos de acciones que jamás han recuperado su valor (entre ellas algunas de las más importantes, no penséis sólo en Terra o Colonial, pensad por ejemplo en Nokia o Citibank).

El que inventó la metáfora de equiparar los mercados bursátiles con el casino creo estuvo desafortunado ya que pareció olvidar que en el casino -en la ruleta- se juega contra la banca y la suerte es lo principal pero en la bolsa se apuesta contra otros participantes y la suerte sólo es un factor más. Si hubiera que compararlo con un juego yo lo haría con el póker. Los otros puede tengan más dinero, algunos incluso hasta pueden tener algunas cartas marcadas, pero es la estrategia y no la suerte lo que puede llevar al beneficio. Es por eso que año tras año los mejores jugadores de póker, los que llegan a las finales del campeonato del mundo, suelen ser los mismos. ¿Cómo podría ser así si sólo fuera la suerte? Lo mismo pasa con los mejores gestores de fondos, a lo largo de una década se ve quién es el mejor… y desde luego no hay racha de fortuna que dure 10 años. A día de hoy todos sabemos que en los mercados estamos comprando o vendiendo a otros que probablemente tengan más dinero y mejor información y herramientas que nosotros y esas son las reglas que hay…si crees que hay trampa en este desajuste entre unos pocos y el resto, quizás deberías seguir el consejo de François Mauriac que dijo una vez "No siento el menor deseo de jugar en un mundo en el que todos hacen trampa".

Reflexiones sobre la especulación.- Un joven pintor que está deseando colocar alguna de sus obras en la primera exposición que hace en su vida consigue vender un cuadro a un desconocido. Su felicidad es enorme, ese dinero supondrá una fuerte inyección de moral y le impulsará a seguir pintando hasta convertirse con el tiempo en alguien que consigue vivir de su arte. Aquel desconocido comprador era alguien que disponía de un dinero sobrante y quiso invertirlo en un cuadro pensando que con el tiempo aumentaría su valor, en realidad no le gustaba la adquisición y nunca la colgó en su casa, sólo lo almacenó bien empaquetada en un lugar seguro. 10 años después, el comprador descubre navegando en internet que el autor del cuadro está exponiendo en Nueva York y es alguien famoso, y decide vender su propiedad obteniendo 50 veces más que lo que se gastó. Este es un ejemplo perfecto de cómo el ansia de ganar más dinero de una sola persona puede ser beneficiosa para dos. Eso sí, el mercado del arte, al no estar demasiado organizado, seguramente ha provocado que las transacciones se hayan hecho en dinero negro y no ha revertido ningún beneficio a la sociedad vía impuestos, algo que no pasa por ejemplo en la bolsa. Si la especulación estuviera prohibida, jamás el desconocido hubiera comprado un bien que no le gustaba, como era el caso del cuadro, el pintor quizás se habría desanimado y hubiera abandonado su vocación. Ninguno de los dos hubiera ganado dinero ni para ellos ni para su familia ni para su entorno económico, con lo que el gasto en otros bienes también se hubiera reducido, perjudicando con ello a la sociedad. Este mismo ejemplo lo podemos aplicar a una empresa española que sale al mercado bursátil deseando financiación para expandirse, cien mil personas compran sus acciones esperando obtener un beneficio y la compañía con ese dinero efectivamente se expande, gana más dinero, esto provoca un alza en las cotizaciones y los cien mil accionistas venden con plusvalías y comparten parte de ese beneficio vía impuestos con todos.

La inmensa mayoría queremos aumentar nuestros bienes sin trabajar, por eso tienen tanto éxito la lotería y los juegos de azar en general, y por eso preferimos que el banco nos ofrezca un depósito al 4% que al 2%. Sin embargo, aunque nos parece normal ceder el dinero a nuestra entidad financiera para que ella compre casas, futuros de tipos de interés o deuda griega, al que invierte personalmente su dinero -en lugar de en un depósito o en una quiniela- en un producto financiero como la bolsa y sus derivados suele sufrir cierto rechazo social. Y es un hecho curioso, porque especular no es ganar dinero sin trabajar como la loto, requiere una preparación y unas cualidades que proceden del estudio, la práctica y la disciplina, de hecho es algo tan difícil que muy pocas personas pueden vivir de ello y muchas instituciones –bancos, fondos de inversión, sicavs etc.-, incluso con información de primera mano, conocimiento de flujos monetarios y gestión de profesionales, pierden dinero en los mercados. Es tan difícil que muchos grandes bancos hace tiempo que están cediendo a máquinas y caros programas informáticos (los programas de alta frecuencia llegan a hacer mil operaciones por segundo y se calcula son el 50% de todo el volumen de la NYSE) la gestión del trading en los mercados, intentando minimizar el factor humano.

Todos los días millones de personas pierden dinero en los casinos haciendo apuestas aún a sabiendas que la casa siempre gana y que las probabilidades de obtener premio son mínimas. Nadie puede decir que no es consciente que lo más probable es perder las monedas que se depositan en una tragaperras y sin embargo los bares de medio mundo están en estos momentos ocupados por jugadores. Me temo que la popularización de la bolsa por la tendencia alcista de los últimos años del siglo pasado y la aparición de internet ha atraído a muchos a la bolsa esperando un "pelotazo" similar a los de los juegos de azar pero creo que la mayoría de los que invierten en bolsa lo que buscan es un plus a la rentabilidad de sus ahorros. Sin embargo, y aunque ambos especulan con su dinero legalmente, el gran público diferencia entre los que lo hacen comprando y los que lo hacen vendiendo, otorgando una inmerecida mala fama a los "bajistas" cuando es casi imposible hacer valoraciones éticas con las inversiones: quizás el que defiende que el que compra acciones hace algo bueno y el que las vende algo malo cambiaría de opinión si la compañía de la que tratamos fabrica bombas de racimo y minas anti-persona. ¿Y a qué viene acusar de "forzar el descenso de la cotización" a los que tienen posiciones bajistas en una acción concreta como si eso fuera tan sencillo y no acusar de lo mismo a los que tienen posiciones alcistas? ¿Por qué se critica tanto cuando la CNMV publica que alguna acción tiene un 1 o un 2% de su capital en posiciones bajistas? Un gestor que trabaja para sus clientes busca la rentabilidad con los instrumentos que tiene, y si piensa que el precio de un activo bajará, ¿por qué no hacerlo? ¿Por qué vender con la esperanza de comprar más barato es distinto que comprar con la esperanza de vender más caro? Además, muchas grandes posiciones de inversión son apuestas entre diferenciales y por ejemplo en 2012 en España se criticó mucho al que vendía deuda española para comprar alemana –lo que encareció la prima de riesgo con Alemania- pero nadie puso pegas a los que pocos meses después, cuando cambió el clima inversor, vendían deuda italiana para con esos fondos comprar deuda española. Un día encontré un fondo de inspiración cristiana que invertía en un ETF (fondo cotizado) que vende deuda soberana sin tenerla…y no significa que quiera que un país quiebre o que aumente los intereses que pague por su deuda, simplemente apuesta a que los tipos de interés de largo plazo estarán más altos, algo perfectamente normal. El que vende futuros del petróleo no es un santo que está deseando que se encuentre una energía barata e inagotable que desbanque a los combustibles fósiles ni el que compra una opción de venta de los precios del café es un diablo que está buscando la ruina de los recolectores de grano de Costa de Marfil…

Pero es que además esa teoría que dice que el que compra apoya a la empresa en la que invierte es un mito, es inútil dar una categoría moral a las compras y ventas de bolsa porque lo que pasa cada día es simplemente que unas acciones cambian de manos, es decir, sólo financiamos a las empresas cuando acudimos a una OPV o pagamos una prima por una ampliación de capital, el resto del tiempo el que compra, sea de lo que sea la empresa, lo que hace es darle dinero a otra persona –que siendo malpensados, a saber qué hace con nuestro dinero- a un precio determinado. Incluso entre los que van a una OPV y dan directamente su dinero a la empresa en la que están invirtiendo, son una minoría los que realmente quieren esa participación como inversión y sólo hay que ver el volumen del primer día de negociación de cualquier nueva compañía para comprobar cómo la mayoría venden en las primeras horas si no minutos. Tampoco es cierto que el que compra una acción de bolsa esté apoyando a la empresa porque la hace subir de capitalización, ese error viene de la simplificación periodística que dice que un valor sube "porque hay muchas compras" o baja "porque salió mucho papel". En realidad siempre hay el mismo volumen de compradores y vendedores. Tampoco hay relación entre la simpatía que genera una empresa y el interés de la gente por ella. No sólo los fondos éticos han resultado ser un fracaso, es que las compañías más criticadas suelen ser las que tienen más accionistas. En España por ejemplo en cualquier encuesta el sector bancario está muy mal considerado, sin embargo si sumamos todos los accionistas de los grandes bancos de la bolsa española (Santander, BBVA, Caixabank, Popular, Sabadell, Bankia, Bankinter) la cifra resultante son millones y muchos de ellos esperando cobrar dividendos de ellos a la vez que critican los altos beneficios que tiene el sector financiero. No creo que debamos fustigarnos por esta contradicción tan habitual, ni en la bolsa ni en otras inversiones.

¿Reparos morales con la especulación? ¿Hay que tenerlos por tener dinero en el banco, por tener un fondo de pensiones, por pagar impuestos (las entidades públicas también especulan)? Es más, ¿hay que tenerlos por dar dinero en el cepillo de la iglesia? Y es que en el "caso Gescartera" se conoció que el Arzobispado de Valladolid, el Instituto Español de Misiones Extranjeras y las Hermanas Dominicas tenían dinero invertido en una sociedad de carácter altamente especulativo. Ningún cargo de la iglesia católica criticó este hecho, también fue famoso el desplome en las finanzas de la iglesia anglicana por el movimiento bursátil de 2008 e incluso la polémica porque su fondo de pensiones tenía inversiones en empresas armamentísticas. Y en los mercados financieros entidades de inspiración e incluso capital eclesiástico –y yo lo he visto en primera persona con la cordobesa Cajasur por ejemplo- no se diferencian en su comportamiento de los bancos de inversión americanos, todos quieren lo mismo: ganar dinero comprando y vendiendo y vendiendo y comprando, tener más para que cada uno se lo gaste –o lo ahorre- en lo que quiera cuando quiera. ¡Ni los supuestos guardianes de la moral de la sociedad están en contra de algo tan inherente al carácter humano! Es cierto que el término especulación no casa bien con la ética pero ¿qué actividad en la se mueve dinero no pasa?

Toda actividad económica es positiva para todos si genera impuestos, ingresos que se transforman en ahorro y consumo lo que, en definitiva, se traduce en más empleo. A nivel individual no considero que tenga connotaciones negativas comprar o vender en mercados organizados buscando un beneficio (otra cosa es la especulación sobre un determinado bien básico que puede hacer un banco de inversión que copa un alto porcentaje de la negociación) pero incluso en el improbable caso de que alguien pudiera encontrar una relación entre los problemas de España –o del mundo- y el hecho de que mucha gente se busque su libertad financiera desde el ordenador de su casa utilizando los mercados financieros, seguro que podemos encontrar que casi cualquier profesión tiene connotaciones negativas y no hace falta irse a las profesiones ilegales: los estanqueros venden productos cancerígenos, los camareros sirven bebidas que pueden producir cirrosis, los camioneros se pasan su jornada laboral empeorando la salud de nuestra atmósfera con su emisión de gases tóxicos, un minero puede que extraiga un metal con el que puede se fabrique la bala que matará a un niño... Podemos, reduciendo al absurdo, criticar casi cualquier actividad humana destinada a ganar dinero.

Y es que la cuestión es esa: la mayoría de la gente trabaja para ganar dinero y el obtenerlo ya es un motivo en sí mismo. La mayoría dejaría su actual ocupación remunerada si le tocaran unos millones de € en la Loto, prueba irrefutable de que la mayoría trabaja para obtener ingresos. Por eso yo no puedo juzgar -criticar sí- a los periodistas de Canal9 que tragaron con prácticas impropias del periodismo a cambio de una nómina, porque nadie sabe qué hubiera hecho en la misma situación ni creo que los habitantes de Rota sean belicistas porque están contentos al estar aumentando el contingente militar norteamericano en la base ya que calculan que eso mejorará la economía del pueblo ni que todos los españoles seamos culpables por las empresas nacionales de capital público que fabrican y venden armamento por todo el mundo; y los miles de agricultores extremeños que cultivan tabaco piensan en obtener bienes para sus familias y no son responsables de las enfermedades pulmonares que las sustancias que ayudan a fabricar puedan causar en un futurible consumidor. Cada uno tiene su propia moralidad y su propia excusa para justificar cualquier hecho y acallar su conciencia (desde unos cuernos a su pareja a no pagar impuestos pasando por votar a un corrupto) pero a la vez qué fácil nos resulta a todos juzgar al prójimo. Yo no podría trabajar fabricando armas, mi libertad financiera –esa que entre otras cosas me permite ser políticamente incorrecto cuando escribo- no vale la muerte de nadie pero soy consciente que la industria del armamento emplea a millones de personas en todo el mundo que viven de ella y aunque estoy convencido que es algo negativo –mucho más que el supuesto daño que pudiera hacer cualquiera de nosotros comprando y vendiendo $- no podemos saber si el hijo de un obrero de una fábrica de cañones utilizará los fondos que su padre ha invertido en su educación –obtenidos por colaborar en la creación de un arma mortífera- en encontrar la cura contra la diabetes. Quién sabe.

Según el Libro Guinness de los Records de 2007 la mayor fortuna de todos los tiempos, por delante de Alejandro Magno y Rockefeller, la encabeza un personaje de hace más de 2000 años: Marco Licinio Craso, que consiguió por su habilidad con los negocios y su falta de escrúpulos acumular el equivalente actual a 900.000 millones de euros. Si viviera en este siglo no podría traficar con esclavos como hacía, de todos sus emolumentos nos habríamos beneficiado todos vía impuestos y la actual regulación seguro hubiera limitado sus ganancias. Si lo comparamos con algún especulador conocido de la actualidad, como Soros, famoso por su fortuna pero también por sus donaciones benéficas, no creo la codicia que les impulse a ambos sea tan diferente. Pero a día de hoy el beneficio de Soros procede de operaciones legales, con su fiscalidad correspondiente. Eso es en lo que hay que incidir, en intentar conseguir beneficio social de un talento único para la especulación. Tampoco la culpa es de los derivados, el que dice por ejemplo que los futuros no representan nada lo dice desde el desconocimiento, en muchos mercados más de la mitad del importe del contado procede de operaciones que no se harían si no existieran opciones y futuros. Lo que no se puede permitir es que con unos pocos miles de millones de $ de uno de esos bancos "demasiado grandes para caer" se consiga controlar por ejemplo el mercado de futuros del crudo y que sea éste, y no la demanda y oferta real del petróleo, la que marque los precios que van a condicionar además la producción industrial, el consumo, el déficit exterior, los ingresos fiscales etc. de medio mundo. Por eso hay que insistir en limitar el tamaño de las inversiones en un producto determinado, creando un especie de "ley antimonopolios" para el trading. Y es que cuanto mayor sea el número de especuladores en los mercados, menos posibilidades hay de manipulación en los precios.

Es impensable en la actual sociedad pretender prohibir la especulación aunque su mal uso y abuso pueda ser dañino a veces. Toda actividad humana conlleva posibles prejuicios, hasta la más común. Por ejemplo, todos los días miles de familias en el mundo sufren una tragedia porque un despiste humano, un fallo mecánico o un imprevisto meteorológico provocan un accidente de tráfico. La solución por supuesto no es prohibir a la gente conducir, lo que se debe hacer –y se intenta- es formar a las personas que van a coger un coche, darles una máquina lo más fiable posible, una carretera por la que circular con la máxima garantía y, para evitar excesos, limitar velocidades, ingestión de alcohol y establecer mil y una normas y mil y un castigos para los infractores. Y además de todo eso, es el propio individuo el que debe darse cuenta que no debe coger una motocicleta cuando hay hielo en el asfalto. Los mercados son lo mismo, un camino voluntario en el que quien quiera conducir debe estar formado pero a la vez debe ser limitado por unas normas independientes que además conlleven castigos si no se cumplen. En cualquier caso, el riesgo no está en aquel que intenta rentabilizar sus ahorros comprando y vendiendo sino en las grandes entidades financieras que prefieren la especulación en "los mercados" a la inversión ya que tal y como está montado el actual sistema, la financiación bancaria se hace necesaria para crear empleo.

En resumen, la especulación genera mercados líquidos que permiten beneficios globales, la mejor prueba la tenemos en los mercados de deuda pública: si sólo compraran bonos del estado a 10 años aquellos que pretenden tener 3650 días el papel guardado esperando cobrar un 2% anual, los estados no se podrían financiar. Ocurre lo mismo con las empresas, no podrían colocar participaciones en la bolsa si sólo compraran los que pretenden sólo cobrar el dividendo. Y los especuladores que todos los días están intentando ganar dinero en los mercados revierten parte de sus beneficios –cuando los obtienen- a la sociedad: aparte de que todos pagan impuestos, ya que la trasparencia y regulación fiscal es muy clara, los bancos pueden ofrecer mejores tipos de interés a sus clientes, las empresas pueden dar mayor beneficio a sus accionistas, los particulares pueden mejorar su calidad de vida y la de las personas que les rodean… Es decir, se genera un beneficio económico para el conjunto de la sociedad. Por eso cuando a nivel mundial se habla de regular los mercados financieros se habla de más información, mejor regulación, incluso de más impuestos, pero nunca de acabar con el ansia tan humana de comprar barato y vender caro. Canadá sorteó muy bien la crisis financiera por los controles a su sistema bancario y a la existencia de un eficaz organismo independiente que protege a los consumidores financieros. Pero que nadie piense que los ciudadanos canadienses son menos especuladores que los griegos, por ejemplo. Lo que pasa es que Canadá y sus bancos limitaron su endeudamiento en épocas de bonanza. Esta sociedad nuestra se caracteriza, entre otras cosas, por la hipocresía: creamos y exportamos armas pero somos pacifistas, decimos valorar el esfuerzo y el estudio pero nuestros ídolos sociales son futbolistas que trabajan unas pocas horas a la semana y personajes del mundo rosa que ni eso y queremos que un golpe de suerte aumente nuestra fortuna (sólo hay que ver la expectación cada 22 de diciembre) pero no perdonamos a los que la consiguen con el dificilísimo trabajo de comprar barato y vender caro.

Con todo, es evidente que hay comportamientos en los mercados financieros ilegales y criticables como el uso de información privilegiada por ejemplo pero no es algo que se haya originado por su existencia sino de sus participantes humanos: ¿Cuántos si supieran como exclusiva que mañana van a prohibir los coches de gasolina para imponer por ley los eléctricos no intentarían vender el suyo hoy mismo? ¿Y si supieran que la casa que quieren vender va a perder caché porque van a abrir una prisión enfrente, comentarían este hecho a un posible comprador u ocultarían esa información? ¿Y cuántos si poseyeran un sello que creen único y se enteraran antes que nadie que se han encontrado 10 mil ejemplares más no intentarían deshacerse de su valioso activo sin esperar a que la noticia fuera pública? Si todos estamos de acuerdo en que la respuesta a estas preguntas es: "la mayoría", ¿Cómo podemos esperar que en los mercados financieros se actúe de forma diferente?

4) Europa y la Eurozona, el proyecto herido

Pocos meses antes del comienzo del € en los mercados financieros no reinaba precisamente el optimismo sobre su existencia, estoy seguro que si entonces se hubiera hecho una encuesta entre los traders y brókers de entonces la mayoría hubiéramos votado que no iba a salir. Incluso cuando empezó a funcionar muchos creíamos que el periodo de transición entre la moneda virtual y la llegada al ciudadano de la moneda física se iba a alargar mucho más. Quizás estábamos influidos por la prensa británica que era abiertamente hostil a una moneda que entonces se creía podría acabar con la libra esterlina en pocos años, quizás desconfiábamos de la dirección más política que económica del proceso. Pero ocurrió, algo tan increíble como que economías tan diferentes como la española y la alemana compartieran la misma moneda, el mismo banco central emisor, que ambas llegaran a emitir deuda al mismo tipo de interés y que las agencias de calificación de rating nos consideraran con la misma solvencia y calificación crediticia.

Recuerdo que yo era muy escéptico, cierto que Extremadura y Cataluña durante siglos han compartido la peseta y el banco central con datos económicos muy dispares pero les une una unión política, una misma fiscalidad, un mismo código penal, una única voz exterior, un estado central. Europa y en concreto la Eurozona me parecía una unión de intereses económicos que no tardarían en demostrarse dispares entre los diferentes países. ¿Alguien entendería a día de hoy que Rumanía y Suecia se unieran para compartir banco central y moneda? Pero tuvo éxito, y fue uno de los acontecimientos de nuestra historia económica más importantes. Tras siglos de retraso de repente nos colocábamos a todos los efectos a la misma altura que los países más potentes de Europa cumpliendo todos los requisitos para ello. Y creo que el € ha sido beneficioso para España y si no hemos aprovechado mejor sus ventajas no es culpa de la divisa. El flujo de dinero barato que supuso durante años poder financiarnos con facilidad y la estabilidad monetaria fue bien aprovechado por algunas multinacionales hispanas pero por desgracia casi todas las administraciones y muchas empresas y ciudadanos nos acostumbramos de tal modo al €, que nos creímos más ricos de lo que éramos y además de abusar de las facilidades de crédito que nos reportaba, pensamos que la situación no podría cambiar.

A principios de la anterior década los líderes europeos lanzaron la iniciativa de adoptar una Constitución que sería la cima con la que se culminaba el proyecto de la integración europea. Valery Giscard d'Estaing se puso al frente del proyecto y en un dilatado proceso se alumbró un texto que pretendía simplificar la normativa y los mecanismos comunitarios, acercar la UE a la ciudadanía y dotarla de un liderazgo fuerte y visible a nivel internacional. Tenía ciertos aires federalistas y consagraba la existencia de los símbolos europeos (euro, himno y bandera), además de incluir una Carta de Derechos Fundamentales, cuestiones que levantaron recelos por parte de los sectores de población más reticentes ante los poderes de Bruselas preocupados por la pérdida de soberanía nacional. Pese al apoyo activo de todos los gobiernos, el texto constitucional naufragó en el proceso de ratificación nacional. Las reticencias nacionalistas se multiplicaron y cuando Francia y los Países Bajos votaron «no» en sus respectivos referendos se escenificó claramente que si la unión económica era limitada, la política ni siquiera era capaz de pasar el trámite de tener una Constitución común. Esa es la clave. No es una cuestión sólo de diferencias económicas, es más bien la estructura de Europa la que es un lastre debido a que la soberanía nacional está siempre por encima. Ni siquiera las instituciones europeas se salvan de esto: tantos parlamentarios europeos y al final, es el Eurogrupo (es decir, los ministros de cada país) el que acaba teniendo la última palabra en los temas más importantes.

La flexibilidad de los políticos fue el germen de la crisis de deuda de la €zona: en teoría ningún país debería sobrepasar el 3% de déficit ni el 60% de deuda pública respecto al PIB. Si estos límites se tomaran en serio y los Presupuestos de cada país fijaran como prioridad que no se incumplan, la Eurozona tendría sentido pero como cada gobierno va a lo suyo porque la prioridad de todo político es salir reelegido y a un candidato francés no le votan en Italia, los criterios de Maastricht pasan a un segundo plano. Por eso en cuanto llegó la crisis cada país hizo lo que le dio la gana y no hubo coordinación alguna, algo que con una política monetaria común no tiene sentido. Si un país se sale de los límites fijados el problema puede tener arreglo pero si existe una crisis que lleva a que cada gobierno actúe como cree mejor saltándose las normas, no hay mecanismo que frene esto. Bastó un gobierno mentiroso de un país pequeño –Grecia- para provocar el caos pero en el fondo la clave está en que debería existir un mecanismo que prohíba explícitamente una excesiva desviación de los datos macro, es decir, que haya una voluntad política que obligue a un gobierno concreto a actuar como Europa diga, esto es, a renunciar a su soberanía, algo que parece hoy por hoy utópico. Y la soberanía está en el pueblo, en el ciudadano, si una mayoría de alemanes no quiere que su dinero se use para comprar deuda portuguesa y una mayoría de portugueses no acepta que se le recorten servicios públicos para poder abonar esa deuda, ambos están en su derecho.

BCE es la entidad supranacional que más ha hecho para que el € sobreviva y de hecho ella fue la que consiguió salvar a la Eurozona de una posible ruptura en verano de 2012. Pero ha sido a costa de asumir riesgos que algunos países le han permitido pero que no tengo muy claro estén dispuestos a aceptar durante mucho tiempo más. BCE no es el banco central de un país sino de un conjunto de países en el que los bancos de uno solo (Alemania) aportan la mayor parte de la liquidez y con ella BCE compra activos y presta dinero asumiendo un riesgo que puede materializarse en cualquier momento. Grecia ya impagó su deuda aunque no afectó a la que tenía BCE, el sistema bancario de Chipre estuvo a punto de no poder devolver los fondos prestados por BCE y nadie sabe qué pasará si un país decide abandonar el € o decide no pagar. Lo cierto es que en la €zona el interbancario está muerto, los bancos alemanes no prestan su dinero a los griegos, lo depositan en BCE y luego éste se lo presta al sistema financiero griego; una entidad pública que es de todos los europeos está tomando riesgos que profesionales del crédito no toman.

Mi opinión es que sin unión política no puede haber unión económica, y sin unión económica no tiene sentido una misma divisa ni un mismo banco central. El € tuvo una década de éxito y la mayoría acabamos convenciéndonos de que era posible pero ahora necesita una profunda reforma. El caso griego es sintomático: ellos gastan mucho más de lo que ingresan durante años; independientemente de la falsedad de los datos, el pueblo griego se habrá beneficiado de ello de algún modo. Cuando tienen tal problema que para poder pagar sus deudas necesitan abonar tantos intereses que se encaminan a la bancarrota, Europa y el FMI les prestan el dinero que necesitan pidiendo a cambio unas duras condiciones de recorte del gasto y un tipo de interés razonable (que luego se rebajó alargando los plazos). No es suficiente y Grecia debe además

37

hacer una quita de deuda que hace perder a los tenedores de bonos griegos –bancos y particulares- gran parte de todo lo invertido. Como el pueblo griego es soberano, tenga o no razón, si llega el día que elige unos gobernantes que no quieran devolver lo que el resto de Europa les ha prestado, lo harán y volverá la crisis de confianza a la Eurozona que BCE ha mitigado con el riesgo tomado. Es decir, la fortaleza de todos depende de un solo miembro cuya posible salida no está planificada. Que en España tras siglos de unión no haya un mecanismo preparado para una posible secesión de una autonomía tiene sentido pero que en la Eurozona naciones soberanas diferentes que llevan poco más de un decenio juntas no hayan decidido cómo se haría la separación de un miembro es de una improvisación absurda porque además ha estado a punto de suceder y el riesgo de que ocurra sigue ahí.

Por eso creo que los eurobonos que algunos propugnan son un mito. ¿Entenderíamos los españoles que nuestro gobierno decidiera emitir su deuda conjuntamente con Grecia y pagáramos en lugar del 2% el 4% para que así ellos no tuvieran que emitir al 6%? Conscientemente es muy difícil que el gran público esté de acuerdo en algo así si vive en el territorio que empeora sus condiciones. Y eso pasa incluso dentro de una misma unión política ¡Si estamos en España peleados por las balanzas fiscales! Y en Europa somos diferentes en todo (idioma, código penal, fiscalidad, cifras económicas, sistema electoral, planes de educación etc.) pero se supone que nos vamos a poner de acuerdo en emitir deuda conjuntamente, algo que no ha ocurrido nunca en la historia, jamás dos países se han unido para emitir deuda sin existir una unión política previa. Además, si una vez emitidos surge un caso como el de Grecia 2009 de falsedad en las cuentas, el contagio será total e inmediato. No puedo evitar que esto me recuerde mucho al truco utilizado por la banca americana cuando empaquetó hipotecas sanas mezclándolas con subprime, ¿Estamos seguros de que funcionará mezclar a países considerados poco "solventes" con otros AAA ante los inversores? Porque Alemania coloca tan barata su deuda entre otras cosas por su carácter de refugio pero si hay eurobonos esa condición desaparece, ya no habrá nadie "seguro" si se teme una ruptura de la Eurozona por ejemplo. Además, el mayor emisor en volumen –Alemania- deberá multiplicar los intereses que paga, así como Finlandia, Holanda, Austria…y todo eso voluntariamente, ¿Es eso realista?

Como español estaría encantado de emitir conjuntamente con Holanda pero no estaría de acuerdo si fuera holandés por lo que para ser objetivos creo que hay que mirarlo con perspectiva. Y la primera impresión es que ni siquiera en uniones políticas como los EUA, estados que han estado al borde de la quiebra como California o Illinois o más recientemente Puerto Rico, han planteado siquiera a otros estados más solventes la idea de emitir deuda conjunta ni mucho menos que un estado rescate a otro; es más, la FED jamás ha comprado deuda emitida por los estados, algo que BCE sí ha hecho y en cantidad nada desdeñable. De todos modos en Europa ya existe algo similar a los eurobonos porque hay un fondo de rescate permanente (el MEDE) que emite deuda con garantía europea. Pero no es suficiente, como es lógico los que están peor quieren más ayuda y los que están mejor no quieren darla. ¿Sorprende a alguien esto? A mí no, la solidaridad de los gobiernos está por debajo de los intereses, si la solidaridad fuera una prioridad no estaría medio mundo con problemas de sobrepeso mientras mil millones de humanos pasan hambre ¿Por qué se le dio un rescate a Grecia en 2010? No fue ni por solidaridad ni por europeísmo, fue para evitar un mal que entonces se juzgó como peor como un previsible impago y la salida del € de Grecia provocando al momento varias quiebras bancarias europeas.

Se dice que Merkel tiene como prioridad la resolución del problema del déficit y la deuda porque Alemania tiene un bajo desempleo, es decir, impone a Europa una política destinada a resolver los problemas de Alemania aunque perjudique a España donde el paro es el principal problema. Como españoles somos muy críticos con esto pero ¿hasta qué punto es criticable que Merkel haga la mejor política para su propio país y para sus ciudadanos por encima de los intereses de los españoles? Si a Merkel le han elegido los votantes alemanes, ¿Ella qué debe hacer, lo mejor para su país o para Europa? Porque podemos deducir que lo mejor para Europa siempre será lo mejor para la primera economía europea pero, ¿Y si no es así o no lo considera ella así? Y eso es aplicable a todos y cada uno de los diferentes gobiernos europeos. Es el mismo ejemplo de antes: si los griegos eligen como gobernantes a un partido político que lleva en su programa electoral no pagar las deudas que Grecia tiene con el resto de Europa, ¿qué debe hacer ese gobierno, tener en cuenta la voluntad de sus votantes o lo que pueda afectar su decisión al resto de Europa? En mi opinión estamos más cerca de la disolución de la Zona € que de ver una emisión conjunta de deuda, los países están más cerca de reclamar su independencia monetaria que de aumentar su dependencia emitiendo deuda junto a otras naciones.

Si no existiera la Unión Europea, habría que inventarla, pero si no queremos dar un paso más allá en la unión política compartir una misma moneda se vuelve peligroso cuando llega una fuerte crisis y los comportamientos económicos son tan diferentes. A eso hay que añadir el excesivo endeudamiento público, muy superior al 60% del PIB que propugnaba Maastricht y que convierte a toda la Eurozona en rehén de los mercados financieros internacionales que dudarán a la que uno sólo de los miembros tenga problemas. Además, algo muy importante ha cambiado desde la creación de la Eurozona y es la vulnerabilidad de la deuda pública. Todo el marco reglamentario del sistema financiero se basó en el supuesto de que la deuda de los Estados no entraña riesgo, ¿Cómo fue posible esto? Porque se da por hecho que en caso de necesidad cualquier estado puede imprimir dinero para pagar sus deudas con sus bancos nacionales pero "se olvidaron" que con el € esto no se puede hacer, ya que el € es una moneda cuya emisión ningún estado individualmente puede controlar. De este modo el sistema bancario europeo se arriesgó a acumular deuda pública y con la crisis griega de 2010 y la irlandesa, portuguesa, italiana, española… que duraron hasta verano de 2012 perdieron mucho dinero. Ahora lo ganan porque BCE está de su lado y actúan hinchando sus balances de algo que sí se ha demostrado que tiene riesgo de impago. Esto supone por un lado que los bancos en lugar de acometer nuevas inversiones y aumentar el crédito, prefieren comprar deuda y por otro, que cualquier suspensión de pagos de un estado puede provocar varias quiebras bancarias y por tanto una grave crisis financiera. Y una suspensión de pagos ya no es algo remoto, basta con que en un país gane las elecciones un partido político que abogue por una salida del € o por no pagar las deudas.

Mientras los estados miembros sigan siendo plenamente soberanos, los inversores no pueden tener la seguridad de que algunos estados sencillamente se nieguen a pagar o rechacen hacerlo por otros. La democracia es uno de los conceptos más discutidos de la Historia y cuando comenzó a popularizarse como forma de elegir a los gobernantes a partir de la Revolución Francesa se optó de forma mayoritaria por el sufragio censitario, es decir, que sólo podían votar algunos, normalmente los más ricos y por supuesto siempre varones. Con el paso de las décadas se llegó –en el mundo occidental- al sufragio universal de las personas adultas –sean del sexo que sean- censadas algo con lo que mucha gente no está de acuerdo. Hay quien cree que el voto de un analfabeto no debería valer lo mismo que el de un premio Nobel y yo he leído tanto a un ministro franquista como a Santiago Carrillo justificar la falta de elecciones libres (uno en la España de los ´60 y otro en la Cuba del siglo XXI) amparándose en la "falta de cultura democrática del pueblo". En 1991 ganaron las elecciones en Argelia los islamistas y las "demócratas" potencias occidentales apoyaron que el ejército las anulara porque no interesaba que aquellos gobernaran. Es por eso que a mí no me asombra que cuando un resultado electoral no gusta, se pierda el respeto a la opinión de los votantes y se ridiculice como pasó con Grillo en Italia en 2013 pero si se es demócrata hay que aceptar lo que decida el pueblo y como la Eurozona es tan fuerte como su eslabón más débil cada vez que hay elecciones en cada país miembro se corre el riesgo de ruptura.

Diversos grupos políticos están recibiendo mucho apoyo popular porque están defendiendo políticas que chocan con las que actualmente predominan en la €zona. En Holanda por ejemplo, hay quienes rentabilizan el rechazo a la idea de poner más dinero para rescates, en Grecia es por tener que abonar los intereses de dichos rescates y en Francia directamente hay quien echa las culpas a la Eurozona de los males económicos del país. Y tengan razón o no, hay que respetar a esos votantes y sobre todo acatar sus decisiones. No podemos llenarnos la boca con la palabra democracia –como hacen los dirigentes europeos- y luego no dar importancia a los votos cuando no gustan. El pueblo europeo quiere encontrar culpables a lo que está ocurriendo y está cansado de que no acabemos de salir de la crisis. Es muy raro el país que no ha cambiado de partido político en el gobierno los últimos años: se quieren cambios. Y evidentemente el recurso fácil es echarle la culpa a los de fuera: si antes era Bush el que estaba en el centro de la diana, ahora es Merkel y, por qué no, la propia Eurozona. Si los británicos dudan de la UE, si hasta en Alemania crecen los euroescépticos ¿cómo no van a dudar de la Eurozona ciudadanos de países con muchos menos recursos? Y en el fondo da igual que tengan o no tengan razón, aquí la cuestión es que se cumple lo que dije antes: sin unión política no es posible una unión económica y si no estamos maduros para lo primero, lo segundo tiene los días contados. Y cada día que pasa es evidente que los europeos votan en clave nacional y no europea, no pensando en una Unión sino en sus interés nacionalistas: los votantes de los países que son acreedores quieren que sus gobiernos exijan el pago de las deudas y que éstas no aumenten y los de los países deudores quieren que su gobierno no pague si eso implica más recortes y ajustes. Y los políticos si quieren salir elegidos y/o ser reelegidos, deberán escucharlos.

De todas las zonas económicas mundiales, es la Eurozona la que más está sufriendo con la crisis que se inició en 2008. El motivo es claro: es la que más a perder tiene. En Marruecos por ejemplo, donde la crisis global ha afectado como en todas partes, la mayoría de la población sigue igual de mal que estaba en 2007 y si acaso es la clase más pudiente la que ha perdido algo de poder adquisitivo. Sin embargo, al norte del Estrecho, en Andalucía, la situación es radicalmente distinta y es la mayor parte de la población, la clase media, la que no sólo dispone de menos ingresos, más impuestos y peores servicios sociales, además sufre más por su pérdida de calidad de vida aunque tenga mucho más que el marroquí que lleva toda su vida acostumbrado a ser pobre. Y es que incluso con la gran crisis de estos años, Europa sigue siendo el mejor lugar para vivir. Pero el proyecto de la Eurozona está moribundo y la Unión Europea funciona fatal por lo que es lógico que haya ciudadanos que se rebelen contra ello, esta crisis aún nos ha separado más, nos ha hecho más dependientes de las decisiones de uno solo de los miembros y han aumentado los prejuicios entre nacionalidades. Como dice el economista estadounidense B. Jerry Cohen: *"Lo irónico de la unión monetaria europea es que el euro se creó para unir a los países, pero lo que está haciendo es separarlos aún más."*

En resumen, es posible que países tan diferentes usen una misma moneda pero deberse dinero unos a otros en un contexto de crisis genera mucha desconfianza y condiciones que conducen a un rechazo por parte de gran parte de la población. Un grupo de amigos no se deshace porque uno se vaya, se deshace cuando unos prestan dinero a otros y le quieren exigir cómo debe gastarlo, de ahí que la política de rescates para evitar la salida de Grecia ha podido resultar contraproducente. Por eso creo que el experimento de la Eurozona ha sido interesante pero ha fracasado. Si sigue vivo es por el coste tan alto que supone la ruptura (fueron tan irresponsables que crearon la Eurozona sin planificar un mecanismo no traumático de salida de un miembro) pero se ha demostrado que sólo es viable en épocas de bonanza económica y como esta no ha sido la última crisis (ni siquiera estamos seguros de haberla dejado atrás), es cuestión de tiempo que el nacionalismo de cada país hunda el proyecto común.

5) La crisis en España

Si hay un programa de televisión que no me canso de ver por muchas veces que lo repitan es *"los años del Nodo"* en el que se pueden ver imágenes reales de España desde los años 40 a los 70 del siglo pasado. Es por mi afición, ya confesada, a la Historia pero sobre todo porque me encanta la posibilidad de acercarme a ser testigo de los hechos. Y es que es importante saber de dónde venimos para poder juzgar la situación actual. Mucho de lo que creemos conocer y mucho de lo que valoramos es gracias a nuestra capacidad para comparar. Si nunca hemos visto a un malabarista, seguramente nos sorprendamos de la habilidad de alguien que consigue mantener en el aire 3 naranjas a la vez; sin embargo, si vemos a esa misma persona tras haber asistido a un espectáculo del Circo del Sol es posible que le critiquemos por sus escasas habilidades. A la hora de juzgar la situación española pasa lo mismo, caemos en la tentación de compararla con 2007 cuando aquello fue la excepción. Hay muchos motivos para estar enfadados, muchos para ser muy críticos pero no debemos olvidar lo mucho que España ha avanzado en unas décadas. No hablo sólo de economía, la propia libertad de expresión que damos por hecha en la actualidad, es algo de la que carecieron nuestros padres o abuelos (depende de la edad) la mayor parte de su vida. Yo nací en los ´70, he vivido -en teoría- la mejor época y aun así, de niño me pegaban, sólo había dos canales de televisión y sólo durante algunas horas, recuerdo la escasa variedad en los supermercados de marcas y productos antes de nuestro ingreso en la UE, no dejaban a los matrimonios divorciarse, era obligatorio hacer el servicio militar... en resumen, llevábamos un gran retraso –junto a Grecia y Portugal- respecto a los países más modernos de Europa cuya brecha se había recortado en gran parte cuando comenzamos el actual siglo. E incluso de entonces a ahora que la sociedad española es mucho más pesimista, no todo ha empeorado, por ejemplo el grave problema del terrorismo –que mi generación ha padecido la mayor parte de su vida- prácticamente ha desaparecido. Destacar los enormes cambios sociales, culturales, económicos, sociológicos… daría para varios libros y en general el balance del periodo que se inició con la Transición ha resultado positivo. Por supuesto pudo ser mejor pero como no podemos cambiar el pasado, sólo lo cito porque es necesaria una perspectiva temporal que no se circunscriba sólo a la actual crisis.

Como pasa con la inflación, que poco a poco nos va comiendo los ahorros sin apenas darnos cuenta, las sucesivas devaluaciones que vivió la peseta desde que nació fueron menguando el valor de nuestra antigua moneda. No obstante, sin cambios de nombre y dentro del país, todo ese proceso apenas era percibido por la población, como igualmente ocurrió con liras, dracmas, escudos etc. en sus respectivos países e incluso con el propio franco francés, también devaluado en algunos momentos de su historia. El € ofrecía la ventaja de que ningún gobierno podría jugar más con el valor de la divisa en que estaban denominados nuestros ahorros porque no podía recurrir a la devaluación lo que significaba que debían hacerlo excepcionalmente bien, vigilando las finanzas públicas con mucho cuidado ya que los juegos de política monetaria se habían acabado. Para más inri, nuestro nuevo banco central, BCE, tenía -y tiene- como principal objetivo contener la inflación por lo que el crecimiento y sostenibilidad de un país miembro sólo se podía conseguir con una correcta política económica y presupuestaria…y si acaso con alguna ayuda de otros miembros de la UE (por ejemplo los fondos estructurales para corregir desequilibrios). Los primeros años del € en España parecía que la receta funcionaba y llegamos a 2007 con superávit presupuestario y una de las tasas eurozoneras más bajas de deuda pública en relación al PIB (42%) no gracias a una especialmente buena gestión de nuestros políticos -en todos los niveles de la Administración- sino sobre todo por el fuerte incremento de los ingresos provocado por un crecimiento económico por encima de la media europea. ¿Cómo se consiguió esto? Gracias a la burbuja inmobiliaria que creó empleo, altas recaudaciones en las administraciones públicas y una elevación del precio de la vivienda que -¡oh, hadas de la estadística!- no alteraba el IPC.

Aquí quizás convendría hacer un inciso sobre la burbuja inmobiliaria. Cierto que también la hubo en Polonia o en Reino Unido pero la entrada en el € ayudó mucho al tamaño que alcanzó en nuestro país. Sí, la tradición española de tener vivienda en propiedad ayudó pero como decisión personal de inversión no parecía tan descabellado hacerlo y de hecho prácticamente todo el que compró antes de hace 10 años en la actualidad tiene una propiedad al mismo valor o superior al que tenía entonces. El mismo razonamiento lo podemos aplicar a las empresas y en general al sector privado y su excesivo endeudamiento. El problema es que una buena decisión individual puede ser nefasta si la hace todo el mundo y ahí es donde falló la labor supervisora de nuestras autoridades que, viendo el panorama en su conjunto, debían haber frenado –en lugar de inducir por ejemplo con deducciones fiscales- ese endeudamiento masivo de la sociedad española. Y cuando hablo de autoridades me refiero a alcaldes, presidentes autonómicos, gobierno central, Banco de España e incluso BCE y la UE que estaban viendo un exceso de flujos de un lado de Europa al otro que no era sano. Y ahí entra la banca. La banca española fue irresponsable en la concesión de créditos a promotoras (no tanto a hipotecados ya que las leyes les aseguran altas posibilidades de cobro), inmobiliarias y a otros muchos negocios y por eso fueron culpables de la crisis pero en el fondo cayeron en la misma trampa que sus clientes: se metieron en deudas a largo plazo porque otros bancos europeos y sobre todo BCE les prestaban mucho dinero muy barato a corto plazo. De nuevo los supervisores europeos no pusieron ninguna traba a este más que evidente desequilibrio.

Y es que las culpas hay que repartirlas. En España la burbuja inmobiliaria no fue obra de inversores extranjeros pero sí fue financiada por la banca extranjera –y por BCE- que fue la que proporcionó liquidez a nuestro sistema financiero. La irresponsabilidad de tomar fondos en el corto plazo para prestarlos en el largo plazo fue un error pero ¿qué banco del mundo no sigue haciéndolo? Si se dan tantas facilidades, es muy difícil sustraerse. Y no quiero exculpar a nadie, se midieron muy mal los riesgos pero hay que entender el factor humano. Si un director de una sucursal negaba un crédito relacionado con el sector de la vivienda antes de 2007, perdía al cliente que encontraba esa financiación en otra entidad y al final se estaba jugando su propio empleo. Lo mismo se puede decir de los políticos: en general lo hicieron fatal pero incluso siendo conscientes del peligro de la burbuja frenar una actividad económica que tantos beneficios generaba en todos los ámbitos no hubiera sido nada fácil: ¿cómo explicar al electorado que era mejor limitar algo que estaba llevando al país a su máximo número histórico de ocupados? ¿Qué alcalde iba a renunciar a los ingresos que le proporcionaban tanta compra-venta de viviendas o la recalificación de suelo? Cierto que debieron ser todos más responsables y puesto que ejercían la autoridad, tomar medidas: el sector financiero reducir el porcentaje de hipotecas, ser más estrictos en las tasaciones, establecer un límite de años –ampliando la vida de las hipotecas se convenció a muchos clientes que una cuota mensual era mejor que un alquiler- etc. (el Banco de España tiene mucha responsabilidad en todo esto) y los políticos limitar la especulación inmobiliaria y sobre todo cambiar el modelo productivo para no fiar casi todo el crecimiento económico al ladrillo. Desde luego son mucho más culpables que el hombre de la calle sin formación financiera (algo de lo que también es responsable el programa de estudios implantado por políticos) que se creyó el ambiente optimista que las autoridades –nacionales y eurozoneras- transmitían.

A cambio de todos estos efectos tan positivos para los datos macro en el corto plazo, la deuda privada y bancaria se dispararon con el agravante de que nos acostumbramos a un flujo de dinero -en general procedente del exterior- en el que se basaba nuestra capacidad de endeudamiento pues la idea no era reducir deuda sino aprovechar los tipos de interés baratos -obra y gracia de BCE- y el crédito fácil -obra y gracia de la codicia y la falta de supervisión- para seguir renovando la deuda con más deuda. Tan en la inopia estábamos que ya iniciada hacía meses la actual crisis mundial y con el sector privado empezando a sentir las restricciones de liquidez, nuestro gobierno aún presumía de la fortaleza de nuestra banca, negaba la mayor y no previó que los ingresos iban a menguar tanto que habría que ajustar los gastos. El descalabro fue tal que con apenas unos pocos años de fuerte desajuste presupuestario (déficit) nuestro ratio deuda pública/PIB ya coquetea con el 100%. Una pena porque si hubo un país en la Eurozona que no aprovechó los mejores años económicos de este siglo para aumentar su déficit presupuestario y disparar su deuda pública fue España. Durante varios de los 8 años en los que el hoy denostado Rato dirigió la economía y los 3 primeros años de Solbes las cuentas públicas españolas fueron ejemplares y aunque –como dije antes- el mérito viene de los enormes ingresos propiciados por la burbuja inmobiliaria, si las comparamos con el desastre griego, portugués o italiano nuestros gestores políticos –culpables de tantas cosas- salen bien parados.

Desde finales de 2008, en una política que ha resultado ser global, el estado español ha apoyado al sector financiero. El problema es que no le puso ningún condicionante a esa ayuda por lo que no vieron la necesidad de deshacer posiciones y aumentar provisiones y muchas siguieron presentando beneficios y los bancos repartiendo dividendos de forma irresponsable. Toda empresa (sea una pyme o una multinacional) divide en dos partidas contables su patrimonio: El pasivo o dinero que invertimos en la compañía y el activo que es donde hemos invertido ese dinero. Si el pasivo procede de fondos propios, la empresa podremos cerrarla cuando queramos o cuando empecemos a perder dinero con ella. Esto ocurre en muy pocas ocasiones, la mayoría de las veces el capital nos ha sido prestado, bien por algún socio, bien por el banco. Es lo que se denomina fondos ajenos. Lo que debe hacer un empresario cuando obtiene beneficios es reducir deuda –si la tiene- o al menos no gastarse todos los beneficios en reinversiones aumentando los activos pero lo cierto es que puede hacer ambas cosas, e incluso una tercera: repartir el beneficio entre los socios vía dividendo. Eso, repito, vale para un autónomo y para la mayor empresa del mundo.

El problema es cuando la empresa da pérdidas. Si eso pasa el activo se reduce y hay que recurrir al pasivo. Puesto que los fondos ajenos -las deudas- no suelen poderse renegociar, toca ampliar, o bien con más fondos propios o bien recurriendo a capital ajeno (ampliando capital si cotiza en bolsa, emitiendo deuda propia si es una gran empresa, encontrando nuevos socios particulares o recurriendo al banco a por más créditos en la mayoría de los casos) aumentando con ello el riesgo. Si no puede aumentar los fondos ajenos pues no encuentra socios ni bancos que le concedan créditos, sólo le quedarán sus propios fondos. Si estos desaparecen, la única forma de mantener vivo el negocio es dejando de pagar algunas deudas (suministradores y empleados suelen ser los primeros en la lista, incluso antes de que se acaben dichos fondos propios). Si la situación no mejora, la empresa se declara en quiebra (lo que hoy se conoce como ley concursal o en los EUA acogerse al "chapter 11") que básicamente es un proceso en el que hay un concurso de acreedores, que no es más que un procedimiento para ordenar y redistribuir el pago de los fondos ajenos que se adeudan. Que algo así ocurra es desgraciadamente muy fácil en cuanto hay una crisis del sector de la empresa -por ejemplo un fabricante textil que no puede competir con las importaciones chinas-; las de mayor tamaño son las que mejor pueden sobrevivir diversificando pero las pequeñas también tienen más facilidad para cambiar de sector. Si, como en el caso actual, la crisis es global y además viene acompañada de una falta de crédito bancario, la situación es insalvable para muchas.

Es por ello que es importante que haya unas normas contables que tengan en cuenta estas posibilidades, de hecho suelen ser conocidas como normas de prudencia contable. Por ejemplo, una empresa debe revaluar a precio de mercado y no a precio de compra: por ejemplo, si yo compro acciones del Santander a 10 euros y hoy valen 7, debo revaluar a 7 porque es al precio en el que puede convertir el activo en pasivo. Esto es algo que nuestros gobiernos eliminaron a partir de 2008 en algunos supuestos para evitar grandes quiebras -sobre todo en empresas con activos inmobiliarios permitiendo revaluar edificios a precios de adquisición y no a su valor actual- que salpicarían a la banca e incluso ha permitido algunas maniobras puntuales que han inflado los beneficios de algunos bancos. Los mismos que pontifican sobre que esta es una crisis de confianza se andan con triquiñuelas contables. La contabilidad de una empresa es en el fondo un ejercicio muy básico de coherencia y todos sabemos que gran parte de esta crisis ha venido por complicar esas reglas tan sencillas. Pero es que estas reglas se ignoraron aún más si las empresas en problemas eran bancos. Veamos por qué lo hicieron: si una inmobiliaria o una promotora con problemas de liquidez deja de pagar los intereses y el principal de su deuda, la entidad financiera tiene que pasarlo a la cartera de clientes de dudoso cobro y provisionar una parte del importe. Si continúa en esa situación tiene que considerar la cantidad como morosidad pura, en cuyo caso debe hacer una provisión por el importe total contra la cuenta de resultados. Para evitar esto la solución que han adoptado la mayoría de las entidades financieras es adquirir directamente los activos de las inmobiliarias en crisis, así han podido revaluar los activos al precio de adquisición y se convirtieron en grandes inmobiliarias.

Si un promotor obtuvo un crédito de un banco y luego no pudo vender la promoción, el banco acabó quedándose con los pisos… si el crédito que concedió fue por el 80% del valor de tasación, pues lo obtendrá un 20% rebajado sobre el precio "standard" de entonces pero el precio desde 2007 no ha dejado de bajar y bastante más que eso. Eso mismo pasó en Japón cuando estalló su burbuja en los años 90. Tanto entonces como ahora la banca podía declarar moroso al promotor pero contablemente supondría anotarse una pérdida por la que además debe hacer una provisión que inutilizaría una porción de su liquidez. Es pues para ellos mejor aceptar quedarse con el piso del promotor aunque sea por encima del precio de mercado actual. ¿Por qué? Pues porque gracias al apoyo del gobierno (lo mismo que hizo Japón entonces, cambiar las normas de valoración de activos para ayudar a la banca) el banco no necesitaba poner el nuevo activo adquirido a precios de mercado. De esta forma el banco no quiebra pero queda paralizado ya que tiene un capital enorme inmovilizado en un activo que no le interesa vender por debajo del precio al que lo ha adquirido para no anotarse pérdidas. ¿Cómo pensar que en esa situación los bancos con esa carga van a prestar dinero a las pymes? Como mucho se lo prestará a los clientes que les compren las viviendas que es lo que acabó pasando. Hagamos un ejemplo con números: Si en España había en 2008 un millón de viviendas sin vender y su valoración para la banca es de 100 mil euros cada una de precio medio habrá 100 mil millones de euros estériles en un activo que no produce nada. Volvamos al Japón de los 90 y eso fue lo que les pasó a los bancos japoneses…no quebraron pero pasaron de percibir intereses por los créditos a promotoras a tener un patrimonio enorme cuyo valor en mercado hoy sigue siendo más barato que el que tenían entonces.

Esta situación provocó que la banca española a partir de 2008 no sólo redujera sus créditos nuevos, además pasara a encarecer los que otorgaba para compensar de alguna forma el coste de las viviendas inmovilizadas (además del aumento de morosidad). En una segunda fase se supone harían lo que hicieron en Japón, dedicarlas al alquiler, pero eso también supone un desembolso adicional a corto plazo ya que habría que analizar cuantas de esas viviendas están acabadas y listas para vivir y puede no ser rentable en nuestro país, que multiplica varias veces la tasa de paro japonesa de entonces. Eso se lo volvió a solucionar en parte el gobierno español creando la Sareb o "Banco Malo" que asumió ese riesgo –y algunos otros- de las propiedades inmobiliarias de las entidades con más problemas. El caso es que esos 100 mil millones de euros teóricos sólo se podrían haber hecho efectivos si se hubieran conseguido vender y la rebaja debería haber sido muy importante. Si hubiera sido del 30% por ejemplo supondrían 30 mil millones de euros de pérdidas para el conjunto del sistema financiero español, es decir, varias entidades quebradas. Eso sí, se dispondrían de 70 mil millones de euros para reactivar la economía, ¿Qué hubiera sido mejor en 2008? ¿No habría sido mejor una salida rápida, por muy brusca que fuera, entonces, no hubiera reducido la duración de la crisis? Yo creo que sí…

Pero volvamos a lo que sí pasó. Las entidades financieras, endeudadas con el exterior, con una morosidad al alza generada por el aumento del paro y de las quiebras empresariales, un negocio a la baja porque no quiere arriesgar su escasa liquidez otorgando crédito en una economía en recesión, unos activos en forma de promociones inmobiliarias y suelo de escaso valor, necesitó mucha ayuda para sobrevivir. Con todo, fue meritorio que la gran banca española, a pesar de su internacionalización, no cayera en las redes de la crisis subprime USA como la mayoría de los grandes bancos del resto de Europa. Y esa diversificación inversora tan adecuada en estos tiempos en los que los países emergentes son un refugio ante la crisis global, fue muy acertada y por eso los beneficios de nuestras multinacionales, incluyendo las no bancarias, también se mantuvieron muy altos. Las que peor lo llevaron fueron las cajas de ahorros ya que aparte de su discutible gestión, en muchas ocasiones dirigida por motivaciones políticas, tenían su negocio muy poco diversificado: mercado interno y centrado en los créditos hipotecarios y a empresas dedicadas a la construcción y promoción inmobiliaria.

Otro gran problema de algunas cajas fue la opacidad. Tomemos como ejemplo CCM, la primera que se intervino. Cerró en 2008 con 30 millones de euros de beneficio e iba a ser absorbida por Unicaja que descubre el engaño en sus cuentas y al intervenir Banco de España se descubre que en realidad ha perdido 740 millones de euros. ¿Cómo puede ser posible esto si no es porque la contabilidad creativa estaba en su máximo esplendor? ¿Tan fácil es disfrazar 770 millones de euros? Pero es que las cifras de morosidad aún despiertan más incógnitas: cerró 2007 con un 0.49%, a 30 de septiembre de 2008 descollaba como la más alta del sistema con un 4.57%, a 30 de diciembre era del 9.32%, a 31 de marzo del 2009 del 12% y a 30 de junio del ¡17.33%! Por otra parte, la solución que el gobierno del PSOE –apoyado en esto por la oposición del PP- de intentar mejorar la mala situación de las cajas, fusionándolas y por tanto engrandeciendo el problema, fue un desastre como demostró la mayor de todas esas fusiones: Bankia.

Mi opinión es que los bancos son empresas y que por su gestión deben responder sus accionistas y no el estado pero sé que mi opinión es minoritaria y es difícilmente aplicable en el caso de las cajas ya que no tenían accionistas. No obstante, incluso para quien crea que sí, que por la estabilidad del sistema está justificado que fondos públicos se usen para salvar a entidades financieras, habría que aclarar la historia del por qué se tuvo que gastar ese dinero y por qué fue tanto, para eso creo es interesante repasar a grandes rasgos la cronología. Lo primero es saber por qué el sistema financiero español tuvo problemas y voy a intentar ser breve: la crisis trajo menor actividad económica, aumento de la morosidad, bajada de la bolsa y lo más grave: pinchazo de la burbuja inmobiliaria. La suma de todo ello –ya palpable a finales de 2007- repercute gravemente no ya sólo en los resultados, incluso en la solvencia de las entidades –ya que tienen más dinero invertido y prestado del que realmente tienen- si bien no se toman medidas en España hasta el pánico (en octubre de 2008 se subió en toda Europa el mínimo que garantiza el Fondo de Garantía de Depósitos hasta los 100 mil € que hasta ese momento en España era de 20 mil) post-quiebra de Lehman Brothers cuando se tenían que haber tomado mucho antes.

Esto afectó incluso a los bancos más grandes y más diversificados, recordemos que ya en noviembre de 2008 (tras haberlo negado 2 semanas antes) Santander anunció una inesperada ampliación de capital. Eso significaba que las cajas de ahorros, sin apenas financiación internacional, sin diversificación geográfica, sin posibilidad de acudir a sus inversores para aumentar capital porque no los tiene y con un negocio excesivamente expuesto en el sector inmobiliario (a veces con créditos a constructora, promotora y compradores de una misma urbanización), iban a tener muchos problemas. Sin embargo, tanto las autoridades políticas como Banco de España (para mí el principal responsable de la mala situación financiera de las cajas al fallar en su labor supervisora y sancionadora) negaban esto. Si no lo hubieran hecho todo habría sido distinto.

En otoño de 2008, por iniciativa del ministro Solbes, se crea el Fondo de Adquisición de Activos Financieros por el que el estado –entonces no había crisis de deuda en la Eurozona y se podía financiar sin problemas- emitía deuda y con ese capital compraba activos -con una determinada calificación- con una duración de dos años a las entidades financieras para que éstas no perdieran liquidez en un mercado que se había cerrado para muchas. No se perdió dinero público con esta medida pero se puede decir que fue la primera ayuda directa al sector y que pecó de algo muy grave: no conllevó ninguna condicionalidad por lo que las cajas con problemas usaron ese oxígeno para mantener sus erradas inversiones, su excesivo número de oficinas y las exageradas retribuciones de sus cúpulas. Es decir, ya a finales de 2008 desde las autoridades se estaba construyendo el agujero por el que se irían miles de millones de dinero público. Además, el estado se ofreció –a cambio de un coste, eso sí- a avalar las emisiones de deuda de las entidades que lo solicitaran para que así pudieran obtener financiación en los mercados. Si a esas entidades se les hubiera exigido deshacer inversiones antes que darles fondos, habrían vendido su cartera inmobiliaria a precios de finales de 2008 (y si la labor supervisora de Banco de España hubiera funcionado, mucho antes). Esto se hace extensible a los bancos que no se recapitalizaban y encima repartían dividendos.

Quizás lo más rápido y lógico entonces hubiera sido que el estado nacionalizara todas las cajas para asumir su gestión pero el gobierno fue por el camino largo: creó el FROB (Fondo de Reestructuración Ordenada Bancaria) que prestó dinero a las cajas y dado que era prácticamente imposible que lo devolvieran, no lo devolvieron y hubieron de ser nacionalizadas años después. Esa primera inyección del FROB en la práctica fue a fondo perdido pero el asunto fue aún más grave: no se les ocurrió mejor manera de solucionar los problemas de las cajas que promover procesos de fusión. Los que años después defendían –y defienden- la intervención de Bankia a pesar de enorme coste por el riesgo sistémico que hubiera supuesto su quiebra deben tener en cuenta que ese riesgo sistémico fue creado por el gobierno con apoyo del Principal Partido de la oposición, ya que entonces no existía. Por otra parte, Banco de España autorizó que un producto que se llamaba en el argot financiero "Deuda perpetua" se empezara a comercializar en el mercado minorista con el atractivo nombre de "preferentes": sólo entre 2008 y 2011 las entidades financieras colocaron un total de 12.552 millones de euros de este arriesgado producto entre inversores minoristas.

A finales de 2009 el gobierno y las autoridades financieras se quejaban de las fuertes críticas que se hacían al sistema financiero español pero tenían razón. A finales de 2009/comienzos de 2010 había detalles que denotaban problemas como que BBVA siguiera buscando liquidez a pesar de tener una situación financiera mucho mejor que la de las cajas pero repito, era la época de los brotes verdes, las bajadas de precios inmobiliarios en teoría se habían acabado (muchos analistas, no sólo políticos, defendían eso), la bolsa había rebotado (si en marzo de 2009 el Ibex llegó a 6700, en enero de 2010 tocaba 12 mil), Grecia acababa de anunciar que sus cifras eran falsas pero aún no había contagio por lo que la solvencia de España no estaba en entredicho y la situación de la cartera de deuda era buena… En resumen, por entonces nuestras autoridades seguían presumiendo de nuestro sistema financiero y en teoría sólo se había perdido el dinero público del coste de CCM (que se pensaba sería menor del que fue al colocársela a Cajastur en noviembre de 2009) porque lo gastado en la primera inyección del FROB se presumía que se devolvería y se recibían intereses de los avales. Eso sí, a pesar de todo el mimo normativo para evitar que bancos y cajas presentaran pérdidas, habían dejado de dar créditos y muchas colocaban productos tóxicos para conseguir financiación porque estaban secas. Y lo peor de todo, con las medidas tomadas se sentaron las bases de una pérdida mucho mayor que se podía haber evitado ya en 2008.

2010, año en el que nuestro gobierno lanza la campaña Estoloarreglamosentretodos.org (La campaña para fomentar positividad ante la crisis) mientras empiezan las grandes turbulencias de los mercados monetarios a raíz de los errores de la Eurozona con Grecia (que aún colean y que muchos aún defienden) que condujeron a una extensión de su crisis de solvencia al resto de países europeos con altos déficits presupuestarios. Si el Ibex cayó –con sus correspondientes dientes de sierra, claro- en 2 años y medio a la mitad (de 12 mil en enero 2010 a 6 mil en junio 2012) la prima de riesgo se multiplicó por 10 (de 60 a más de 600) y como el pinchazo de la burbuja inmobiliaria también continuó era evidente que todo eso iba a afectar a nuestras entidades financieras. En mayo de 2010 se interviene Cajasur que ejemplifica lo que critiqué antes: una entidad que centraba la mayor parte de su negocio en inversiones inmobiliarias, la mayoría en la costa (las que más bajaron) y que en lugar de deshacer sus activos en 2008 los mantuvo gracias a las ayudas públicas con lo que engordaron las pérdidas –no reconocidas hasta la intervención- hasta que no pudieron más. Pero la noticia principal son los numerosos procesos de fusión de cajas promovidos desde el gobierno con el apoyo del Principal Partido de la oposición y toda clase de ayudas fiscales y normativas. Son tantos que sólo voy a citar los más relevantes:

-En mayo 2010 la CAM llegó a un acuerdo de "fusión fría" (sin integración total) con Cajastur (la que se había quedado con CCM), Caja Extremadura y Caja Cantabria que en diciembre quedó bautizado como "Banco Base". En marzo de 2011 los 3 socios se dan cuenta del enorme pufo que traía consigo la CAM y deshacen la integración dejando sola a la CAM que acabó intervenida en julio 2011 y vendida (por 1 €) en diciembre de aquel año a B. Sabadell tras perderse algo más de 5 mil millones de dinero público.

-En Julio de 2010 Caixa Catalunya se fusiona con Caixa Manresa y Caixa Tarragona creando Catalunya Caixa que tuvo que ser nacionalizada y fue vendida a BBVA en julio de 2014 con unas pérdidas de dinero público en el proceso de unos 12 mil millones de €.

-En diciembre de 2010 Caixa Galicia y Caixa Nova se unen formando NovaCaixaGalicia que tras ser nacionalizada en septiembre de 2011 fue vendida al venezolano Bandesco en verano de 2014 con unas pérdidas de dinero público en el proceso de unos 9 mil millones. Lo más curioso es que en un solo año de gestión el comprador –usando el nombre comercial de Abanca– ya ha recuperado todo lo invertido

-En 2011 nace BFA con la "fusión fría" de 5 pequeñas cajas más Bancaja (que fue la última en arrejuntarse) y CajaMadrid que en poco tiempo se unirían como Bankia. De momento con Bankia se han perdido algo más de 20 mil millones de dinero público aunque se espera esta cifra se rebaje tras sucesivas privatizaciones (ya hubo una parcial).

Pero volvamos a repasar la historia. En verano de 2010 se publicaron unos ridículos "stress test" a la banca europea que fracasaron rotundamente ya que fueron demasiado optimistas. Con todo, de las 7 entidades europeas que los suspendieron, 5 (Caixa Catalunya, Caja Navarra y Burgos, Caixa Terrassa, Caja Sur y la fusión fría encabezada por Caja España) eran españolas. Claro que los bancos irlandeses aprobaron y tuvieron que ser rescatados meses después… A lo largo de 2010 y comienzos de 2011 era evidente que el gobierno iba a tener que destinar más fondos públicos a resolver el problema del sistema financiero (además ya había vencido el Fondo de adquisición de activos financieros del que ya hablé) lo que significó una 2ª ronda de inyecciones del FROB cuyos destinos principales fueron Catalunya Caixa, NovaCaixaGalicia –en ambas fueron insuficientes- y la fusión de cajas catalanas Unnim (que después se quedaría BBVA).

En julio de 2011 salen Bankia (con falsos números como luego se sabría) y Banca Cívica a bolsa buscando capital privado para no tener que recurrir de nuevo al FROB. Ese verano se volvieron a repetir los errores en los stress test a la banca realizados en Europa y volvieron a valorar con demasiado optimismo y a pesar de eso 5 entidades españolas suspendieron: CAM, Pastor (banco que fue absorbido por el Popular en octubre), Cataluña Caixa, Unnim y Grupo Caja 3. A finales de 2011 llega la gran ayuda (además de dos bajadas de tipos desde que Draghi tomó el poder) de BCE: las LTRO que eran subastas de liquidez a largo plazo y a bajo precio para la banca con el aval de sus activos. Por desgracia, para muchas entidades financieras fueron ineficientes ya que no disponían de suficientes activos válidos. Las que sí los tenían hicieron carry trade comprando deuda con ese dinero por lo que no llegó nada a la economía real.

Según la primera reforma financiera de De Guindos en abril de 2012 se podía ir pensando en vender Catalunya Caixa y NovaCaixaGalicia pero se equivocó porque no contaba con la bomba Bankia, culpa sobre todo de miembros del partido del gobierno pero no directamente del gobierno de Rajoy. Justo cuando las cosas parecían calmarse tras el enésimo rebrote de la crisis de deuda de la Eurozona en la que España sonaba como siguiente país a rescatar, en mayo de 2012 se descubre un agujero tal en Bankia que el estado debe nacionalizar su matriz BFA e inyectar más capital lo que no evita que el valor se hunda en bolsa con fuertes descalabros para sus 400 mil accionistas (en febrero de 2013 se supo que durante 2012 Bankia tuvo como resultado -19.200 millones de €, la mayor pérdida empresarial en la historia española). Esto sienta fatal a todo el sector financiero nacional y aumenta la desconfianza hacia España llevando al Ibex a mínimos del siglo en los 6000 puntos. Así funcionan los mercados financieros: nuestra elevadísima tasa de paro no perjudicaba la solvencia del país pero la salud de un gran banco… eso sí que es importante La caída de la bolsa y la subida de la rentabilidad de la deuda conducían a la quiebra a nuestras entidades financieras ya que menguaba dramáticamente el valor de sus activos. Fue entonces cuando el gobierno español se decidió a pedir un rescate parcial (39.468 millones de € destinados a sanear la banca aunque se habían ofrecido hasta 100 mil) a Europa confiando en que no hiciera falta pedir un rescate más grande con el que poder abonar los vencimientos de deuda pública como ya habían hecho antes Grecia, Irlanda y Portugal. La famosa frase de Draghi pidiendo que confiáramos en él porque estaba dispuesto a hacer lo que fuera por salvar el € obró el milagro y desde entonces tanto la tendencia alcista de la bolsa como la tendencia bajista de la rentabilidad de la deuda mejoró las cuentas financieras de la banca. El menor pago de intereses por las rebajas de tipos también ha aliviado algo la presión sobre los Presupuestos del gobierno.

A pesar de que muchos creímos –y nos equivocamos- que se acabaría habiendo un rescate total, lo cierto es que la tranquilidad llegó y a partir del segundo semestre de 2012 se pudo iniciar la última fase –faltan algunos flecos pequeños y la privatización total de Bankia- del proceso de reestructuración financiera si bien se tardó bastante más y fue más caro debido a que hubo de inyectar más capital del esperado además de en Bankia, en Catalunya Caixa, NovaCaixaGalicia, Banco de Valencia y hasta en la Sareb que nació en agosto de 2012 (4 meses antes De Guindos había negado que fuera a existir). La Sociedad de gestión de Activos Procedentes de la Reestructuración Bancaria o Banco Malo (consiguió captar suficiente capital privado como para que el estado mantuviera una participación inferior al 51% y así el dinero del erario invertido allí no computa como deuda pública) fue quedándose poco a poco a precios bastante competitivos activos inmobiliarios de las entidades rescatadas. También en el primer semestre de 2013 BMN, Caja3 y Liberbank (que sale a bolsa en mayo) reciben inyecciones del FROB y en Mayo se coloca el Banco CEISS (Caja España) a Unicaja. En verano de 2014 se culmina el proceso de venta de NovaCaixaGalicia y de Catalunya Caixa con fuertes pérdidas para el estado español. Quizás lo mejor de este proceso es que ya que las cajas prácticamente han desaparecido y está claro quiénes son los dueños de las entidades financieras que quedan en España, si hemos aprendido la lección en la próxima crisis financiera serán ellos los que aporten el capital que haga falta si hay problemas de solvencia y dejarán el dinero de todos en paz.

Es importante destacar que la banca privada española (así como algunas cajas, todo hay que decirlo) aunque han sido mimadas por el gobierno con normas contables y fiscales que les ayudaron y con un programa de compra de activos bancarios en 2008, no ha necesitado rescate del erario. Y no porque no se equivocaran, incluso con criterios profesionales -en lugar de los políticos- cometieron muchos errores y algunos tuvieron grandes problemas como el Pastor que tuvo que ser absorbido por el Banco Popular que a su vez necesitó una ampliación de capital para poder pasar los stress test. Pero salió adelante como los demás con capital privado que asumió el riesgo voluntariamente. En el caso de las cajas incluso los no clientes hemos tenido que poner dinero para su reflotamiento. Es una historia que aún no se ha acabado de escribir: hay mucha corrupción, hay unas cifras que aún no son definitivas, hay muchas dudas sobre el proceso de venta de las entidades reflotadas... Y está la gran incógnita: ¿la utilizada fue la más barata de las opciones?

No es posible saber "qué hubiera pasado si..." pero hay algunos datos que chirrían. Lo primero y más evidente es lo que se tardó en darse cuenta de la inviabilidad de varias entidades. No estamos hablando de balances complejos como los de un banco de inversión internacional, es relativamente sencillo para un inspector del Banco de España detectar que por ejemplo CajaSur tenía un riesgo excesivo en promociones inmobiliarias cuyo precio se estaba desplomando por lo que se debería haber actuado antes. Fiel reflejo de tanta incompetencia fueron las famosas palabras del expresidente Zapatero en Nueva York en septiembre de 2008 alabando la solidez de nuestro sistema financiero, ¿Quién le había informado tan mal? El segundo gran error ya se comentó: la errónea idea de unir cajas insolventes aumentando con ello el riesgo sistémico.

Y para mí la tercera fue cerrarse en banda a una posible liquidación y cierre. Los gobiernos siempre han defendido que la intervención en el sistema financiero se hacía por dos motivos: garantizar los depósitos de los clientes y evitar un pánico financiero global (poniendo siempre como ejemplo el caso de Lehman Brothers). Los depósitos están garantizados hasta 100 mil euros –antes de la crisis sólo eran 20 mil pero se cambió a nivel europeo para frenar la desconfianza y la huida de capitales- por lo que sólo a una pequeña parte de la clientela le afectaría el cierre. Además, el proceso cuando se liquida un banco es vender todos los activos y con el dinero obtenido ir pagando a los "acreedores" siguiendo una primacía ya establecida. Bien, dudo mucho que si se hubiera hecho eso, un banco pequeño (que era propiedad de una caja) como Banco Valencia hubiera costado 6 mil millones de euros a todos los españoles (sin contar los créditos fiscales y las garantías contra pérdidas de valor de sus activos en el futuro que se le otorgaron a Caixabank cuando la adquirió). Recordemos que a Banesto, con todo lo que fue en su momento, se le intervino por un agujero de 3600 millones de € que ni siquiera fue cubierto por el contribuyente.

También hay que tener en cuenta que es mucho más justo que pierda algo de dinero alguien que tiene más de 100 mil euros depositados en un banco en el que decidió confiar, que el que lo paguemos todos. En cuanto al argumento del pánico financiero, puede ser un argumento válido en Bankia por su tamaño pero en entidades pequeñas y afectando a muy pocos clientes, lo dudo. Además, hemos vivido en España momentos de gran pánico financiero como los de junio de 2012 incluso a pesar de habernos gastado tanto dinero de todos en evitar el cierre de empresas financieras inviables. Incluso sin plantearse la opción de la liquidación, las diversas reformas financieras de nuestros gobiernos tienen varios defectos, si no fuera así hubiera sido suficiente con una. Resumiendo mucho, lo que se decidió una vez que se intervinieron varias cajas (o más concretamente grupos de cajas) fue intentar vender a toda prisa, cuando no se pudo por el contexto se aguantó y el proceso se alargó en parte gracias al rescate financiero bancario que la UE nos proporcionó en 2012. A partir de ahí, se fijó como preferencia Bankia por ser la de más tamaño y se asumieron ventas a pérdidas en los otros dos grandes grupos: Nova Caixa Galicia y Cataluña Caixa. A mi juicio fue un error, una vez que hay fondos suficientes (y muy baratos) proporcionados por el exterior, no se debería haber tenido tanta prisa y dado que eran compatibles geográficamente yo hubiera creado un gran banco público fusionando todo en torno a Bankia y con la idea de ir privatizándolo poco a poco con sucesivas ampliaciones de capital en bolsa aprovechando que la situación financiera (y la propia bolsa) habían tomado una tendencia favorable.

Alguno dirá ¿y por qué privatizarlo, por qué no quedarnos con un gran banco público? Yo estoy en contra, básicamente sería volver a la situación de las cajas de ahorros: dar poder financiero a cargos políticos implica inversiones con criterios políticos. Y tampoco supondría que el cliente fuera mejor tratado, ni por comisiones, ni por diferenciales ni por horarios… al final las cajas tenían hipotecas con suelo, tipos de auténtica usura por los descubiertos, cobraban comisiones por tarjetas que no se habían pedido… las quejas que también eran mayoritarias hacia la banca privada. Algo que también había ocurrido en el pasado cuando había banca pública nacional (Caja Postal, Banco Exterior, Banco Hipotecario etc.). Y cuando las cajas estuvieron desesperadas por adquirir capital, no tuvieron problema en coger un producto para grandes inversores que se denominaba "deuda perpetua", llamarlo preferentes y, aun sabiendo que el mercado secundario se estaba cerrando por lo que quien las adquiriera no podría deshacerse de ellas, colocarlas entre su clientela.

La discusión sobre lo público y lo privado no es exclusiva de las entidades financieras. Por ejemplo, ¿podría una empresa farmacéutica esconder la cura definitiva de una grave enfermedad y no comercializarlo para no perder las ventas actuales y futuras de las medicinas que durante años puede consumir un enfermo crónico? Visto desde esa perspectiva, parece que hay más motivo para nacionalizar la Bayer (y de paso las empresas de cremas antiarrugas, no sea que hayan encontrado el secreto de la eterna juventud y no lo hagan público para poder vender más) que un banco. Pero no es tan fácil, estamos haciendo una suposición que implica que un empresario privado va a preferir el beneficio económico a la salud pública y parecemos olvidar que las empresas que fabrican tabaco en España –sustancia nociva según nos dice el gobierno-

son en su mayoría semi-públicas, y eso es un hecho. Yo no entiendo esta demonización de lo privado/beatificación de lo público que hacen algunos como tampoco lo contrario que hacen otros. Todo depende de la ética y no de la titularidad accionarial: con un buen equipo directivo cualquier empresa podría triunfar siendo pública y con uno malo fracasar siendo privada, la gran diferencia es que a unos los elijen unos políticos a saber con qué criterios y a otros un consejo de administración que busca lógicamente el máximo beneficio. En el ejemplo anterior y dados los escándalos conocidos de los consejeros de muchas cajas de ahorros, ¿estamos seguros que no hubiera actuado igual, buscando sólo su propio beneficio, un laboratorio farmacéutico que fuera público?

Por eso para mí el problema no es que haya empresas públicas sino la baja calidad de los partidos políticos españoles que van a acabar controlándolas. Se financian ilegalmente, están llenos de corruptos a los que sus máximos dirigentes toleran, no recortan donde deben (por ejemplo el Senado o la duplicidad diputaciones/autonomías) porque priman su beneficio privado (cargos) al beneficio público, gastan donde no deben (de hecho ellos mismos están endeudadísimos por su mala capacidad gestora) etc. Y de nuevo son hechos, no suposiciones. Es decir, el egoísmo, la codicia y en general la falta de ética que se le supone a un empresario privado también la tienen los gestores de lo público, ¿quién me dice que el político que prefiere reducir mamografías que eliminar un coche oficial va a salvaguardar mejor nuestra salud que un empresario que quiere ganar dinero a costa de la sanidad como hace nuestro dentista? ¡Si todavía en España fuéramos a castigar electoralmente a los partidos que demuestren poca ética! Entonces sí habría un incentivo para desear más propiedades públicas pero lo triste es que no es así. Por eso yo no tengo un criterio global a favor o en contra de lo público ya que depende del país, lo que sí sé es que en España, y dado el poco valor que dan los españoles a la honestidad de nuestros dirigentes a la hora de votar –otro hecho tristísimo pero real-, cuanto más lejos estén los políticos del dinero de todos, mejor. No es posible evitar que manejen los Presupuestos y construyan aeropuertos inviables pero ¿darles una o varias entidades financieras? Es un suicidio, ya lo hemos visto. No podemos confiar ni en su talento ni en su honradez ni en la capacidad de los votantes para discernir y castigarles en las urnas si roban por lo que se sentirán impulsados a seguir haciéndolo.

Sé que hay mucha gente que piensa que cambiando a los políticos, cambiaría también la utilización política de unas posibles entidades financieras públicas, el típico *si ganaran los míos lo harían de forma diferente* pero actualmente en Europa tenemos un gran banco público llamado BCE, y justo los mismos que tanto propugnan en España la existencia de banca pública y tanto se comprometen a no usarla políticamente, resulta que están de acuerdo en que BCE actúe políticamente, por ejemplo promoviendo que se salte sus normas para seguir auxiliando a la banca griega aunque ésta sea insolvente o que compre su deuda a la vez que pide una quita de esa misma deuda, criterios nada rentables para los contribuyentes que aportan a ese banco público. No es una cuestión ideológica sino un caso de evidencia empírica basado en la experiencia siendo quizás el ejemplo más claro el de las cajas de ahorros, entidades con la mejor de las intenciones que acabaron siendo, en su mayoría, instrumentos al servicio de políticos y codiciosos, que han vendido productos a sus clientes más nocivos que los de la banca privada y que han acabado costándonos a todos miles de millones de €. No somos conscientes de lo que ha agravado la gestión de las cajas de ahorros la crisis, no sólo por el agujero actual que han generado en las cuentas públicas, es que sin ellas difícilmente habría crecido tanto la deuda local porque nadie hubiera financiado proyectos tan inviables como los que tantos municipios y comunidades autónomas han llevado a cabo Y eso no significa que la banca pública –si sus criterios de gestión son independientes- no pueda ser buena, significa que en España los políticos que tenemos eligen para sus maniobras partidistas a personajes peores –como se ha visto- que los banqueros privados, no ya sólo como gestores, aparentemente también en calidad ética. Está en nuestro mano: si queremos que nuestros políticos sean honestos, debemos dejarles claro que si no lo son no les votaremos y como su máxima prioridad es llegar al poder/salir reelegidos, tendrán que aplicarse el cuento. Cuando eso pase, entonces yo seré el primero que quizás prefiera que haya más empresas públicas en España. Mientras tanto, prefiero que sólo haya las imprescindibles. Es mi opinión, y que conste que a mí también me da miedo el poder de algunas multinacionales, no me gusta que haya tanta riqueza en tan pocas manos cuyo único objetivo es el mayor beneficio económico posible aunque claro, tampoco me gusta que una entidad pública como la NSA norteamericana pueda espiarme a mí y a mi gobierno con total impunidad con la excusa de la seguridad. Vamos, que cuando eres una hormiga y te aplasta una bota, poco importa quién la calce.

Ahora creo que debería hacer un inciso sobre un bulo, repetido hasta la saciedad en redes sociales, en tertulias de bar y hasta por algunos teóricos "expertos", que dice que el fuerte aumento de la deuda pública en España durante estos años procede del dinero que le hemos dado a los bancos (en realidad, a las antiguas cajas de ahorros). Yo, que llevo desde 2008 criticando las ayudas con dinero público al sector financiero, me siento como un abogado del diablo teniendo que rebajar esa cifra que está en gran parte del ideario colectivo y espero que no por esto creáis que me parece una cifra baja, me sigue pareciendo escandalosamente alta. Veamos antes de nada unos datos:

- Deuda pública finales de 2007: 384.000 millones de €
- Deuda pública finales de 2014: 1.020.000 millones de €
- Incremento total del volumen de la deuda pública durante esta crisis: 636.000 millones de €

Ahora veamos cuánto dinero ha costado la reestructuración del sistema financiero español: por un lado los bancos que no han recurrido a ayudas públicas han tenido que realizar provisiones por 103.017 millones de € que han salido básicamente de sus accionistas y para el que han tenido una ayuda regulatoria y fiscal gubernamental pero es una cantidad que no se refleja en la deuda pública. Tampoco se reflejan las aportaciones extraordinarias del Fondo de Garantía de Depósitos (que suman 9.007 millones de €) que han abonado el resto de entidades financieras ni los fondos invertidos en la Sareb (si es que se traducen en pérdidas, claro) que no computan como deuda por ser una empresa a medias con capital privado ni algo imposible de calcular: el coste de oportunidad, lo que ese dinero hubiera rentado si se hubiera destinado a otros fines. El caso es que somos de los países que menos ha gastado en la salvación de su sistema financiero (recordemos que ningún banco privado ha sido auxiliado directamente con dinero público) pero a la vez somos de los que en balance menos fondos hemos recuperado. ¿Cuál cantidad sí sale reflejada? Pues los datos son claros: las dos inyecciones del Frob (9.294 y 5.183 millones), la recapitalización con fondos del Mecanismo Europeo de Estabilidad (35.802) y los

Esquemas de Protección de Activos para operaciones de fusión (7.978 millones aplicados y posibilidad de 6.592 adicionales, según prevé la Asociación Española de la Banca).

Es una cantidad enorme, que a mi juicio jamás debió ser gastada, pero que suma lo que suma y… que es menor ya que se deberían restar los intereses que el estado cobró a las entidades que avaló cuando éstas lo solicitaron para emitir deuda (se asumió un gran riesgo pero de aquello se obtuvieron beneficios), los 1.000 millones ingresados por vender NCG, los 1.100 de vender Catalunya Caixa y los 1.300 de la privatización parcial de Bankia ya realizada. Pongámonos en lo peor –que no sacamos nada más privatizando Bankia- y redondeando, digamos que hemos perdido para siempre 63.600 millones de €. Pues bien, esa cantidad –que seguro será más baja, creo acabará rondando los 40 mil- **es** la responsable tan sólo de un 10% de todo el aumento de deuda pública que España ha sufrido durante la crisis. Repito, es una cifra escandalosamente alta y que para mi no está justificada pero el principal responsable de que tengamos hoy más de 1 billón de € de deuda pública no es la reforma financiera de PPPSOE. Supongo el error viene de suponer que todo el coste total del saneamiento –unos 176 mil millones- ha sido traducido en deuda pública cuando la mayor parte de esa cantidad ha salido de la banca "sana" y no de fondos públicos.

Aclarado esto, la incógnita es: ¿De dónde ha salido entonces ese medio billón largo restante de incremento de la deuda pública –suma de todas las administraciones: locales, autonómicas y central- durante esta crisis? Claramente del desfase entre ingresos y gastos (entre los que se incluye también el coste en intereses de una deuda en aumento) que se refleja en los déficits presupuestarios que sufrimos desde 2008. En cuanto acaeció la crisis, se desplomaron los ingresos y se disparó el gasto presupuestario tanto por mayores costes sociales como, sobre todo, por la política económica del gobierno ZP –hay que decir que la mayoría del mundo hizo lo mismo- de intentar paliar con gasto público los efectos de la recesión. En mayo 2010, obligados por el contagio de la crisis griega que encarecía nuestras emisiones de deuda, ZP cambia y empieza a reducir los gastos pero sigue habiendo un gran desfase entre ingresos y gastos que inevitablemente conduce a más deuda para cubrir ese agujero financiero. Si PP y PSOE hubieran sido buenos gestores antes de la crisis en todos los niveles de la administración se hubieran dado cuenta que lo ordinario no era lo que el estado ingresaba por IVA en 2007 o lo que por transacciones inmobiliarias ingresaban los ayuntamientos, sino que era algo puntual. En lugar de eso, gastaron y previeron gastos por encima de sus posibilidades ya que supusieron que los años siguientes esos ingresos iban a seguir estando ahí. Y no ha sido así y han bastado unos años de fuertes déficits (menores ingresos que gastos) cubiertos por deuda para que se haya disparado la deuda pública.

Zapatero negó la crisis, actuó durante mucho tiempo como si no existiera, las reformas financieras que aprobó fueron desastrosas, aumentó el gasto público de forma irresponsable en 2009 cuando tenía que haber recortado el gasto, se sumó a esa política a partir de mayo de 2010 pero los recortes fueron más en lo social que en gastos estructurales, apoyó irresponsablemente el estatuto catalán incluso antes de que éste existiera (y luego su recorte por el Tribunal constitucional está en el origen de la desafección de muchos catalanes hacia España lo que a día de hoy se ha convertido en un problema para la estabilidad económica de España), subió impuestos, fue un pésimo gestor de las finanzas públicas con déficits presupuestarios récord…

Los errores de Rajoy son menos evidentes porque aún es pronto para saber sus resultados como pasa por ejemplo con su reforma laboral y la de las pensiones pero algunos están claros y son comunes al gobierno anterior como la subida de impuestos o las reformas financieras y quizás el mayor: el enorme aumento de la deuda pública. Ambos fallaron en eso. También en la política de recortes las prioridades creo están confundidas ya que caras estructuras siguen sin desaparecer y se reduce en investigación por ejemplo y en cuanto a Cataluña, parece claro que se le ha ido de las manos y bajo su mandato la causa independentista ha avanzado décadas. Una de las mejores medidas del gobierno de Rajoy fue ayudar a las comunidades autónomas con sus deudas (el FLA) y a cambio exigirles mayor disciplina presupuestaria, eso ha sido clave para reducir el déficit -aunque aún hace falta que el presupuesto se equilibre más- y ha aliviado a algunas autonomías que estaban pagando unos intereses elevadísimos. Sin embargo, se me hace difícil recordar alguna buena medida económica del gobierno Zapatero y ya que gobernó durante casi 4 años sin crisis, es también culpable de no haber hecho nada para prepararse para ella. Sé que es un error común a todos los dirigentes mundiales pero sigue siendo un gran punto en su contra. Si hablamos sólo de política, sí encuentro buenas medidas en los años de Zapatero, mejores que en los años de Rajoy, pero al final aquí tratamos de economía. De todos modos, comparar no tiene sentido porque las circunstancias fueron distintas y no podemos saber qué hubiera hecho cada uno si hubiera gobernado cuando lo hizo el otro. Lo que sí sabemos es que tanto el PP como el PSOE han dominado la mayoría de gobiernos municipales y autonómicos en España, administraciones que son cómplices de la mala situación del país y de la extrema gravedad de la crisis por lo que es fácil concluir que tanto PP como PSOE han fracasado como principales gestores políticos de este país antes y durante la crisis.

A pesar de los políticos, la crisis ha sido combatida de forma admirable por muchas familias que han sabido des-apalancarse y con ello reducir deudas (justo lo contrario que las administraciones públicas) y aumentar el ahorro. También muchas empresas han sabido reducir deudas y muchas entendieron que la fuerte caída del consumo interno (propiciada por el paro pero también por la subida de impuestos) debía hacerles incidir para aumentar ingresos tanto en el sector turístico nacional como en el sector exterior. Las exportaciones que tanto han ayudado a las cifras macro estos años no son ningún logro de los políticos sino de algunos empresarios, así como la alta cifra de emigrantes (y de la vuelta de algunos inmigrantes que residían en España a sus países de origen) ha ayudado a rebajar las cifras de paro. Hablando del paro, ahí tenemos un problema que ya es estructural dado que España lleva muchos años, incluso antes de la crisis, con tasas muy superiores a las de países vecinos con estructuras económicas similares. Sin embargo, aunque se dice que el problema del paro es el más grave de España a mi juicio el más importante es el del excesivamente pequeño sector de la población que tiene empleo. Actualmente sólo el 35% de la población trabaja lo que quiere decir que por cada español que está empleado hay casi 2 que no (niños, ancianos, parados…) y la tendencia es clara a pesar del último repunte propiciado por la emigración. Así pues, el dato de paro es parcial y mucho menos importante que el de empleados y sobre todo, el de empleados respecto a la fuerza laboral y a la población total. Si a eso añadimos que los empleos están peor pagados y los puestos son menos estables, es difícil que aumente el consumo de alguien que cada vez tiene menos renta disponible porque además debe pagar más impuestos debido al endeudamiento de las administraciones públicas. La calidad del empleo es clave porque cada vez hay menos gente trabajando y por lo tanto cada vez hay menos aportado y más recibiendo del erario.

Está claro que es un problema demográfico: vivimos más tiempo y tenemos menos hijos. Esto amenaza claramente las finanzas públicas porque obliga a los pocos que trabajan a aportar más sólo para mantener lo que ya se tiene. Pero lo grave es que lo que hoy se tiene se ha pagado en gran parte con deudas cuyos intereses hay que pagar y cuyo volumen total es tan grande que hay que intentar frenar su ascenso luego el recurso de la deuda ha sido tan sobre-utilizado que no es posible exprimirlo más. Hemos gastado demasiados recursos del futuro ya. La gran pregunta es: ¿podrá ese 35% de la población española que trabaja mantener el estado del bienestar y pagar las deudas cuando nuestros gobiernos siguen gastando año tras año más de lo que ingresan o habrá que hacer cambios radicales? A responderla es a lo que deberían dedicarse los políticos que mandan en este país pero por desgracia sus objetivos son cortoplacistas. La cuestión no es si saldremos de la crisis o si ya hemos salido porque ya sabemos que si es lo segundo, esta no ha sido la última, habrá otra crisis con lo que la pregunta correcta es ¿intentamos resolver la situación actual con las mismas recetas de siempre y meternos en un más grave problema cuando llegue la siguiente o empezamos a pensar en intentar evitarla?

Al comienzo de este capítulo comentaba los buenos propósitos de la integración de España en la Eurozona: se suponía que con ello se acababan las manipulaciones monetarias del gobierno de turno, sin embargo ahora es lo que está haciendo BCE. Creer que esa va a ser la solución es volver a errores ya cometidos, se puede ganar tiempo, puede incluso volver el crédito (improbable pero posible) y al fin y al cabo quien más arriesga es Alemania cuyos bancos son los que más aportan al BCE pero la solución y no el apaño, debería ser un cambio más radical.

6) La crisis internacional

Como ya comenté antes, generalizar nunca es preciso y si bien hay muchas actitudes de gobiernos y bancos centrales comunes a todos los países como respuestas a la crisis, conviene diferenciarlas y valorarlas individualmente puesto que soluciones que pueden servir para una potencia mundial pueden no ser aplicables a otra economía.

Los Estados Unidos, aún bajo la Administración Bush, tomaron la decisión política (escenificada a finales de 2008 con el "Plan Paulson") de ayudar al sistema financiero y ese espíritu lo copiaron todos. Como ya comentamos la reacción global a la quiebra de Lehman Brothers fue suficiente argumento para todos. La forma en la que esas medidas salvaron a la banca tampoco difiere tanto entre países y en general se siguieron las practicadas en los EUA ya comentadas: Reino Unido por ejemplo nacionalizó algunos bancos o tomó participaciones en ellos, en la Zona Euro es famoso el caso del ING holandés que prácticamente ha devuelto ya todas las ayudas al estado con beneficios para éste, en España las entidades con más problemas, algunas cajas de ahorros, pasaron de una administración local a una central pero en ninguna se pudo ganar dinero para el estado (sí se ganó con el programa de compra de activos bancarios de 2008 y con los avales con los que el estado español aseguraba las emisiones de deuda de la banca, en su momento se asumió mucho riesgo pero en estos casos fue recompensado), las fusiones bancarias auspiciadas por las autoridades políticas y financieras también fueron comunes a todos y en España fue quizás donde peor resultaron. En el trato a la banca las autoridades de los EUA han asumido desde 2008 la quiebra de unos 500 bancos (el pico fue en 2010 con 157, en 2014 fueron 18), en general de escaso tamaño y el proceso lo ha dirigido la FDIC. Ésta institución, dotada de fondos públicos, se ha encargado de asumir el control de las entidades en problemas y, asumiendo en el proceso que algunos de los acreedores perderían dinero, cerrarla o sanearla y en este caso, venderla obteniendo el mayor beneficio posible. Se puede pensar que el FROB español es algo similar pero salvo en el caso de las preferentes y la deuda subordinada de algunas cajas cuyo coste fue asumido por algunos clientes, ha sido el erario el que ha absorbido todas las pérdidas. Fuera de Europa y los EUA, la crisis financiera no provocó grandes problemas bancarios.

La otra gran decisión política que tomaron todos los gobiernos de todas las ideologías fue la de aumentar el gasto público a costa de unos amplios déficits presupuestarios que se cubrieron emitiendo más deuda. Intentar paliar el consumo y la inversión privada con inversiones públicas funcionó, al menos en el corto plazo, en otras crisis por lo que no debería sorprender. El problema es que la unión de una grave crisis financiera y de una grave crisis económica de tal calibre necesitaba de mucho dinero y de mucho tiempo. Los EUA usaron la solvencia que les acreditaba su máxima calificación y su liderazgo mundial (pronto hablaremos también de la ayuda de la FED) para gastar sin miedo. Basta con ver sus déficits presupuestarios (porcentaje sobre el PIB de desfase entre ingresos y gastos): en 2008 el 7%, en 2009 el 13.5%, en 2010 11.3%, en 2011 9.94%, en 2012 8.60%... Eso puede explicar que el PIB apenas cayó un 3% sumando 2008 y 2009, únicos años en los que descendió. Alemania, la otra gran economía cuyas cifras macro más rápido se repusieron, no abusó del déficit (el mayor fue en 2010 con un 4.1%) y su PIB sólo cayó un año pero mucho: en 2009 el -5.1% pero también se apoyó en su solvencia para recibir muchos flujos de inversión, especialmente a partir de 2010 con la crisis de deuda de otros miembros de la Eurozona. Lo mejor que tuvo Alemania fue lo bien que estaba su economía antes de la crisis: no había burbuja inmobiliaria, en 2007 tenía superávit presupuestario y aunque su sistema financiero resultó muy expuesto a los activos tóxicos inmobiliarios norteamericanos, se actuó rápido. Japón sí que disparó sus déficits (y con ello su deuda pública) para mitigar la notable bajada del PIB pero con una tasa de paro bajísima y un alto gasto gubernamental, el impacto social de la crisis entre los ciudadanos fue muy limitado. Tampoco la población china –cuyo incremento del PIB no bajó del 9% hasta 2012- notó apenas la crisis y en general en los países emergentes el impacto se circunscribió a lo financiero –sobre todo las semanas posteriores a la quiebra de Lehman Brothers- y duró poco tiempo. Sin embargo, los dos emergentes más grandes –Brasil y Rusia- entraron en recesión en la segunda mitad de 2014.

Cuando se empezó a temer que hubiera quiebras soberanas, a finales de 2008 tras el pánico post-Lehman Brothers, la opinión de los analistas situaba como principales candidatos a algunos países de Europa del Este, especialmente a Letonia aunque el primer emisor público soberano en problemas fue Dubai que necesitó del auxilio de Emiratos Árabes Unidos. Pero el primer país que no pudo cumplir sus pagos fue Islandia, un país considerado hasta ese momento de los más ricos del mundo. El motivo fue que sufrió el mayor colapso bancario –en relación al tamaño de una economía- de la historia y la causa fue que los bancos islandeses emitían pasivo a corto plazo para invertir en activos a largo plazo, es decir, lo de casi siempre: llega una crisis financiera global, se empieza a desconfiar de un país con una exorbitada deuda externa –el 80% bancaria- y sin fondos suficientes, y al estado finlandés no se le ocurre otra que nacionalizar la banca –algo que hizo un gobierno de "derechas"- asumiendo con ello sus deudas para intentar evitar la quiebra. Fue una decisión errónea ya que igualmente se tuvo que dejar quebrar a los 3 mayores bancos -de hecho era matemáticamente imposible su rescate- por lo que el país incumplió pagos con depositantes extranjeros –se calcula perdieron el 70% de lo invertido allí- y a la vez creó 3 nuevos bancos con los activos y pasivos islandeses inyectando –ya con un gobierno de "izquierdas"- una ayuda equivalente al 20% del PIB con fondos que le prestó el FMI. Se dice que Islandia no dio dinero a la banca y es falso, hubo mucho mito acerca de la forma de afrontar su crisis pero más bien fue forzada por las circunstancias: la deuda total no se podía abonar y decidieron dejar de pagar a los extranjeros en lugar de a los nacionales. Además, devaluaron fuertemente la moneda con lo que de nuevo perjudicaron a los acreedores foráneos. Es un modelo de salir de una crisis no exportable ya que no es posible que todos los países hagan recaer en los demás los mayores costes de sus insolvencias pero es el modelo que yo hubiera preferido para Grecia si fuera griego: salir del € devaluando mi nueva moneda y que el coste lo asumieran los acreedores extranjeros confiando en que pasara como con Islandia y nadie me hiciera el vacío a pesar de ello. Pero hay que reconocer que es una actitud poco responsable y que no puede generalizarse porque entonces se harían muy difíciles las relaciones internacionales. También hay que reseñar que aunque Islandia sea un país, tiene la mitad de población que Zaragoza.

Capítulo aparte merece la Eurozona y para entender los problemas de los países periféricos a partir de 2010 hay que irse una década atrás porque proceden de la creación de la Unión Monetaria Europa que ignoró riesgos evidentes. Por ejemplo, parece obvio que si los tipos de interés son iguales en dos países con la misma moneda y uno tiene más posibilidades de crecimiento que el otro, la tentación de endeudarse para invertir y de expandir el crédito del país con mayores expectativas, sea demasiado fuerte. Por otra parte, incluso con gobiernos más responsables, la llegada de flujos de capital especulativos de otros países en una Unión donde el intercambio de capitales es libre, debía conducir a algún tipo de burbuja. Esto no excluye que no se podían haber hecho las cosas mejor, la asignación de responsabilidades creo debe centrarse en aquellos que sí pudieron cambiar las cosas –y por eso algunas naciones lo hicieron mejor que otras- pero al final las circunstancias que promovieron comportamientos tan irresponsables en tantos países vienen de los errores de creación de la Eurozona. Y de las intenciones que había porque cuando surgió el euro se incentivó que grandes flujos de capital se trasladaran desde el núcleo de la Eurozona a la periferia y unos bajos tipos de interés y una mejor calificación de la solvencia de países y empresas eran una invitación al endeudamiento.

Grecia fue el primer afectado por la crisis de la deuda soberana. Cuando el nuevo gobierno, ganadas las elecciones el 4 de octubre de 2009, confesó que el anterior había engañado en las cifras que proporcionó a la UE de déficit y de deuda respecto al PIB de aquel año, en principio no hubo un gran pánico. A pesar de que en enero de 2010 la Comisión Europa empezó a sospechar de más irregularidades en los datos desde la misma entrada en el € del país y que las agencias de calificación fueron bajando el rating soberano, el país siguió emitiendo deuda a largo plazo con buena demanda hasta marzo. En esos meses los cargos financieros y políticos europeos, así como por supuesto el gobierno griego, desmintieron una y otra vez que hubiera algún problema: "no hace falta un rescate", "la deuda griega es 100% segura" etc. etc. En abril empezaron los problemas para encontrar financiación incluso en el corto plazo y todos los rumores que había se hicieron realidad cuando Eurostat empeoró hasta el 13.6% el déficit del año anterior. El gobierno –en medio de fuertes protestas y huelgas por los recortes- pidió finalmente ayuda a la UE porque ve que no va a poder pagar los vencimientos de deuda de mayo. En una reunión de emergencia el fin de semana del 8-9 de ese mes, la UE y el FMI aprueban una ayuda de 110 mil millones a 3 años y BCE se compromete a comprar deuda. El día 11 de mayo sucede la mayor subida en una sola sesión en la historia del Ibex (+14.43%), lo que describe muy bien la euforia con la que se recibió esta noticia. En ese momento se pensó que con unos fuertes ajustes del gasto en Grecia los datos mejorarían y que con el apoyo de toda Europa los problemas de solvencia de Grecia también. ¿Qué le había pasado a Grecia? Por un lado la poca seriedad de sus dirigentes, por otro que había gastos que un país tan pobre no se podía permitir como que las mujeres se jubilaran a los 60 años, por otro que la corrupción era tan grande que afectaba a los ingresos fiscales… pero sobre todo lo que pasó es que creyeron que por pertenecer a la Eurozona podían emitir un gran volumen de deuda pública y siempre encontrarían compradores a precios competitivos. Como comenté antes, la deuda pública siempre puede pagarse emitiendo dinero pero Grecia no tenía política monetaria propia y por eso, al aparecer los problemas de solvencia, necesitó del dinero de los demás para afrontar los pagos. Y ellos pusieron sus condiciones. Al cabo de los años, el rescate hubo de ampliarse en volumen y en tiempo, se rebajaron los tipos de interés, BCE compró su deuda a pesar de que estaba considerada como "bono basura" y aunque Grecia no iba cumpliendo con las condiciones, el rescate continuó. La deuda respecto al PIB no bajaba porque el PIB seguía bajando y al final los acreedores privados tuvieron que aceptar una quita. La deuda pública, el activo más seguro, se había convertido en un activo de riesgo.

Hay quien cree que con eso se salvó a la Eurozona pero creo que quien piensa así se equivoca. A mi juicio, dejar caer a Grecia en 2010 y asumir la quiebra de sus bancos –y el coste que provocaba eso en el sistema financiero del continente- dejando el tema heleno como una excepción hubiera resultado más barato y a la larga, hubiera sido mejor para los griegos. Tras todos estos años el paro, el PIB y la deuda están peor ahora en Grecia que en 2010, es difícil imaginar que con un default y salida del € entonces, hoy podrían estar peor. Pero es indemostrable, lo que sí sabemos es que según pasó el tiempo, el contagio se extendió a otros países con condiciones similares. BCE tuvo que comprar deuda soberana pero tampoco fue suficiente: hubo que rescatar a Irlanda cuyo sistema financiero agonizaba por el estallido de la burbuja inmobiliaria, a Portugal que no podía afrontar los vencimientos de su deuda… y cuando parecía que esos 3 rescates más las acciones de BCE –además de comprar bonos prestó dinero a largo plazo a los bancos- calmaba los ánimos, llegó el descubrimiento del agujero en Bankia que llevó a una tormenta financiera sobre España que fue replicada en Italia. En ese momento, verano del 2012, con la 3ª y la 4ª economías de la Eurozona en riesgo máximo de impago de su deuda, de repente la acción decidida de BCE y un rescate europeo a la banca española en apuros, significó el inicio de la solución del problema. A partir de ahí, BCE –y la acción coordinada de la Eurozona- inspira tal confianza en los inversores y/o tal miedo entre los especuladores, que vuelve a demandarse la deuda periférica, deja de buscarse con desespero el papel alemán como refugio y las bolsas de la Eurozona rebotan con fuerza (el Ibex había marcado mínimos del siglo el 24 de julio de 2012 en 5956). Hubo un penúltimo rescate más ya en 2013 y fue distinto a los anteriores. Conviene conocerlo por si este sistema se repite en el futuro en algún otro miembro.

En Junio de 2012 el presidente comunista de Chipre solicitó un rescate financiero a la UE que no se llegó a concretar entre otras cosas por las acusaciones de blanquear dinero ruso vertidas por el Eurogrupo contra Chipre. En febrero de 2013 gana las elecciones el candidato conservador y un mes después los ministros de finanzas de la Eurozona se comprometieron a llevarlo a cabo y la denominada "troika" (Unión Europea, Fondo Monetario Internacional y Banco Central Europeo) envió una misión de expertos. El mayor problema era la necesidad de capital de la banca chipriota muy tocada por la crisis de deuda griega iniciada en 2010 pero además las cuentas públicas tampoco estaban muy bien, con un alto déficit y una gran cantidad de deuda pública y aún mayor de deuda privada. No obstante, Chipre suponía el 0.2% del PIB de la €zona por lo que en principio no parecía un tema muy importante para la estabilidad de nuestra zona económica. El viernes 15 de marzo a última hora se hacen públicas las condiciones del rescate a Chipre que difieren totalmente de todos los programas de ayuda financiera anteriores: antes de aportar el préstamo de 10 mil millones de € se obliga a establecer un impuesto sobre todos los depósitos bancarios –con un volumen casi 4 veces superior al PIB del país- por el que los que tienen menos de 100 mil € pagarían un 6.75% sobre el capital y a partir de 100 mil € un 9.9%. En ese momento en la banca chipriota 27.000 millones (el 40% de todos los ahorros) eran de extranjeros, en su mayoría rusos y la idea era que Chipre recaudara 5.800 millones de €. Piensan que es un fin de semana ideal ya que el lunes es festivo en el país y dará tiempo al gobierno chipriota a establecer medidas para que el martes no haya una salida excesiva de dinero. Aquellas condiciones, aprobadas por todos –y aceptadas por Chipre-, son criticadas con dureza sobre todo por ser aplicada a los que tienen menos de 100 mil € depositados en el banco ya que contrasta con la medida que la UE tomó tras la quiebra de Lehman Brothers de garantizar hasta esa cantidad para evitar el pánico financiero que generaría una retirada masiva de fondos por temor a quiebras bancarias. De repente, ahorrar es un riesgo. La primera reacción de la población es acudir en masa a los cajeros que pronto se colapsan. Los mercados financieros el lunes sufren por todo esto y quizás es lo que mueve a los dirigentes europeos a cambiar de opinión y volver a negociar a lo que se suma el voto en contra del Parlamento chipriota motivado por un radical cambio de opinión del partido en el gobierno ante las fuertes protestas populares. Tras días de bancos cerrados y nervios BCE establece un ultimátum: o se toman ya las medidas o corta la liquidez a la banca chipriota. Y por supuesto se llega a un acuerdo el 25 de marzo que, en lo que se refiere a la quita en los depósitos, sólo afecta a los que poseen más de 100 mil € (el 47.5%, porcentaje que no se concreta hasta el 29 de julio). Con eso y diversos recortes Chipre deberá aportar 7 mil millones y la Troika 10 mil (9 mil Europa, mil el FMI) al 2.5% con una carencia de pago de 10 años. Posteriormente también Rusia prometió ayudas. También se decide que la gente no podrá sacar más de 3.000 euros en efectivo fuera del país, todas las operaciones con tarjeta tendrán un límite de 5.000 euros al mes, la retirada de dinero en los bancos estará limitada a 300 euros por día, los clientes de bancos podrán pagar con cheques pero no podrán canjearlos por dinero, no podrán acceder al dinero que esté en depósitos a plazo fijo antes del vencimiento de los mismos… Otro hecho inaudito: ¡un corralito dentro de la Eurozona! Sin embargo, dado el pequeño tamaño del país, y a pesar del peligroso precedente, su influencia negativa fue muy limitada.

Y el último rescate llegó en 2015. El tercero a Grecia. Tras ganar Syriza las elecciones de finales de 2014 pronto se hace palpable el choque entre el nuevo gobierno y todos los gobiernos del resto de la Eurozona lo que paraliza la economía griega y dispara la fuga de capitales. La economía, que en 2014 había conseguido acabar con la recesión, se deteriora muy rápidamente mientras los bancos se vacían y las negociaciones se eternizan. La tensión se hace tan fuerte que el gobierno griego se levanta de la mesa de negociación y convoca un referéndum para rechazar las propuestas del Eurogrupo. Eso obliga a establecer el segundo corralito en dos años en la Eurozona, esta vez limitando a 60€ la extracción diaria de dinero, y a cerrar la bolsa de Atenas por más de un mes. Pero al final Tsipras cede y, con un fuerte apoyo de la oposición y algo de crítica de sus propias filas, acepta un acuerdo con la Eurozona bastante más humillante y con condiciones mucho más duras que el que hubiera podido conseguir varios meses antes. Además, el empeoramiento de las cifras obliga a aumentar el volumen del rescate y hasta el FMI reconoce que hará falta una nueva quita de la deuda (que, al revés que la anterior, supondría pérdidas públicas). Quizás lo más llamativo de este pulso entre el gobierno griego y el resto de gobiernos de la Eurozona es que muchos políticos por fin hablaron abiertamente de la posibilidad de la salida de un miembro de la Eurozona lo que debilita la idea tantas veces repetida de la irreversibilidad del Euro.

No quiero extenderme mucho más con la Eurozona, haría falta mucho espacio para analizar las peculiaridades de cada país y los numerosos errores políticos que se cometieron. Cómo se obligó a Berlusconi a dejar el poder en Italia, cómo Irlanda, con una política de bajos impuestos a las empresas, se recuperó mucho más rápido que los periféricos latinos, cómo Bélgica estuvo a punto de ser un periférico y tras el verano de 2012 en pocos meses pasó a pertenecer al "núcleo duro"… lo que me gustaría dejar claro es que las actuales medidas que se están tomando desde la Eurozona y sobre todo desde BCE para intentar resolver los problemas de los periféricos, son exactamente las mismas que originaron su crisis. Si tienen éxito provocarán exactamente las mismas consecuencias que provocó su entrada en el €. Cierto que en la mayoría de los casos fueron años felices pero ya sabemos dónde conducirán. En lugar de hacer autocrítica y darse cuenta que la Eurozona para sobrevivir necesita una profunda reforma, en lugar de transformar el sistema financiero, se vuelve a promover el flujo de dinero del núcleo a la periferia, se incentiva que en estos países aumente la deuda privada y no se hace nada para que se reduzca la pública a la par que se está creando una nueva burbuja financiera. Por ejemplo, los balances de los bancos están llenos de bonos a tipos históricamente muy bajos, si la economía vuelve a crecer, vuelve la inflación y BCE actúa subiendo los tipos de interés todas esas inversiones entrarán en pérdidas. Si por el contrario, la economía sigue muy mal durante muchos años, la morosidad aumentará y probablemente será la bolsa la que sufrirá un crash lo que también provocará pérdidas en el sector financiero.

La utilización de medios y fondos públicos para la banca fue una decisión de los gobiernos pero hubiera sido insuficiente sin el concurso de los bancos centrales, algo lógico puesto que es competencia suya la salud del sistema financiero. La reacción clásica contra las crisis financieras, simplificándolo mucho suele ser: si hay problemas en el sistema, los bancos centrales actúan rebajando los tipos de interés para desincentivar el ahorro de los que tienen capital y muevan el dinero. Si eso no sirve, hay que tomar otras medidas. Como en el caso de los dirigentes políticos, los graves errores en la valoración de la situación económica y financiera antes de la crisis no fueron, como parece razonable, seguidos de una cascada de dimisiones. Bernanke, mano derecha de Greenspan durante años -y por tanto cómplice de su gestión-, fue incapaz de valorar el pinchazo de la burbuja inmobiliaria y de detectar los riesgos de la industria financiera norteamericana y sin embargo, no fue discutido en 2008 y fue reelegido en 2010 a instancias de Obama, como antes fue nombrado a instancias de Bush, con un amplio apoyo del mundo financiero. En esos meses, como hizo también en su segundo mandato, se inclinó por una política muy agresiva por lo poco ortodoxa: bajó los tipos de interés al mínimo ya a finales de 2008 y empezó unos programas –denominados QE- por los que la FED compraba activos. El primer programa –como los demás- buscaba inyectar liquidez a los bancos pero centrándose en un primer momento (noviembre 2008) en adquirir aquellos activos de los balances de los bancos que, debido a la crisis, eran más ilíquidos como todos los relacionados con el sector hipotecario; en marzo de 2009 se amplió el volumen del programa incluyendo más deuda bancaria. Fue un rotundo éxito: no sólo ayudó a la salud de la banca más expuesta al riesgo inmobiliario, rebajó la rentabilidad de la deuda, propició el gigantesco rebote bursátil iniciado en marzo de 2009 y seguramente influyó en la salida "oficial" de la crisis económica en los EUA (junio de 2009). Además, el momento económico era tan grave y la situación de los bancos tan delicada, que dicha inyección de liquidez no salió del circuito financiero y por lo tanto no generó inflación. Yo tengo que reconocer que era muy escéptico pero es indudable que, viendo sus resultados, la QE1 fue muy positiva.

Un inciso sobre las QE: que un banco central amplíe la base monetaria inyectando dinero a la economía de la nada sería imprimir dinero pero no es este el caso aunque se le parezca mucho: cuando la FED compra activos a cambio de dinero lo que hace es traer al presente un dinero del futuro puesto que convierte un compromiso de liquidez a futuro (la deuda) en una realidad presente. La FED no financia el gasto gubernamental directamente puesto que éste se financia con deuda y es la banca comercial la que la adquiere y por lo tanto suministra fondos al estado.

El que luego la FED compre activos de la banca entre los que está la deuda pública es muy beneficioso para el Tesoro porque rebaja los intereses (por ley de oferta y demanda, al haber más dinero, hay más interés en adquirir activos) pero su influencia es indirecta. Es evidente que las QE animan al riesgo y pueden tener malas consecuencias: los estados saben que pueden emitir más deuda a menor coste, los bancos que pueden comprar más activos (tanto renta fija como variable) con mayor expectativa de beneficio lo que les desincentiva de otorgar créditos y, como es fácil acostumbrarse a esos flujos de liquidez, su fin puede ser traumático, especialmente para los mercados financieros.

El mayor problema de la QE1 fue precisamente su éxito ya que su final tuvo consecuencias negativas (reflejadas por ejemplo en una caída de Wall Street del 20% en 3 meses en 2010) por lo que la FED tuvo que iniciar una segunda que incluía compras de deuda del Tesoro. De nuevo su fin provocó un terremoto en las bolsas, esta vez en el segundo semestre de 2011. Aunque en teoría la FED argumenta que sus decisiones obedecen únicamente a factores económicos y a la salud del sistema financiero, tras el fin de la QE2, Bernanke ofreció a finales de 2011 un nuevo programa que era claramente más una ayuda directa a las cuentas públicas norteamericanas que a los bancos (beneficiados también pero indirectamente al revalorizarse sus carteras de bonos) y que también fue exitoso para ese objetivo. En ese momento el Tesoro estaba emitiendo más deuda que en toda su historia y en agosto la agencia calificadora Standard & Poors había rebajado un escalón el rating soberano perdiendo su máxima calificación de Triple A. Fue la llamada "operación twist" por la que la FED compraba deuda de largo plazo –desde el 6 a los 30 años- y vendía el mismo importe de deuda a corto plazo –inferior a 3 años-, reduciendo con ello los intereses a pagar a mínimos históricos. Esta medida tampoco era inflacionista puesto que, a pesar del desfase de fechas, el dinero comprado y vendido era el mismo. Finalmente, en septiembre de 2012 sin un motivo concreto y convirtiendo en habitual lo que debería haber sido excepcional, la FED "echó el resto" y decidió anunciar compras de deuda mensuales (cuyo volumen aumentó cuando finalizó la operación twist) hasta que la tasa de paro no bajara de cierto nivel, se la denominó QE3 o "QE infinita" si bien este último término resultó ser erróneo ya que a partir de finales de 2013 fueron reduciéndose las compras y ya con Yellen –sucesora de Bernanke- al mando, acabó finalizándose en octubre de 2014.

El Banco de Inglaterra copió el sistema de las QE (que a su vez la FED había copiado del Banco de Japón que lo puso en práctica 2 décadas atrás) a partir de 2009 si bien no bajó los tipos hasta casi 0, los dejó en el 0.50%. La gran diferencia entre el QE británico y el norteamericano – ambos balances de sus bancos centrales se multiplicaron por 5 desde 2007 hasta 2014- fue la consecuencia que tuvo en el IPC: mientras en los EUA la media desde 2008 estuvo por debajo del objetivo del 2%, la de Reino Unido superó ese dígito. No a un nivel preocupante pero me sirve para explicar una de las razones de por qué tanta inyección de dinero tuvo tan poco efecto en el IPC de los EUA mientras sí lo tuvo en Reino Unido y es que al ser el $ la principal moneda de intercambio comercial en el mundo, el aumento de su circulación empujó al exterior (especialmente a las economías emergentes, receptoras de flujos) esa inflación, algo que pasó en mucha menor medida con la libra. El otro gran motivo es que la velocidad del dinero en los EUA está en mínimos, a pesar de que hay tanta liquidez a disposición del sistema financiero y de algunas grandes multinacionales, el dinero no sale del circuito financiero y no llega a la economía real. Es por esto por lo que dudo mucho que las QE hayan tenido tanta influencia en la rebaja de la tasa de paro como afirman sus defensores, si las QE hubieran propiciado un mayor consumo, ¿cómo es que no provocaron inflación? De hecho, el riesgo actual es la deflación. Si las QE hubieran sido tan efectivas para la economía –y repito que la primera fue un acierto-, esto sería impensable. También hay que plantearse de qué modo lo que sí favorecieron las QE a la economía norteamericana no perjudicó a las demás. Por ejemplo, las QE influyeron en depreciar el valor del $ lo que hizo más competitivas las exportaciones y eso influyó positivamente en los EUA pero perjudicó a otros países exportadores como Japón que sufrió mucho por la fortaleza de su divisa hasta al menos finales de 2012.

Ya hemos hablado antes de la guerra de divisas y es evidente que en este periodo fue la FED la que la empezó. Por otra parte que el IPC no suba no significa que la inflación no aumente porque, como ya comenté antes cuando expliqué el IPC, este índice no incluye los activos financieros Si alguien quiere comprar 1 acción y hoy le cuesta bastante más que antes, para mí eso es inflación aunque no esté reflejada en el IPC. En el caso de la bolsa norteamericana por ejemplo que ha llegado revalorizarse un 200% en poco más de 5 años desde la primera QE1 hasta máximos históricos, la inflación es clara y pocos son los que dudan que tanta subida ha sido principalmente debida a las QE de la FED.

Japón no empezó su programa QE hasta 2010 si bien fue discreto en comparación al que inició en abril de 2013 –y ampliado en octubre de 2014- denominado "Abenomics" por ser el primer ministro Abe su impulsor. Esta política tiene 3 componentes: relajación monetaria en gran escala (las QE, algo para lo que utilizó al Bank of Japan), política fiscal expansionista (es decir, más gasto público a corto plazo) y estrategia de crecimiento a largo plazo (diversos cambios económicos estructurales). Tuvo una gran reacción los primeros meses, tanto en los datos macro como sobre todo en el Nikkei japonés pero la apreciación de la divisa y la reducción de la competitividad de las exportaciones rebajaron la euforia y los resultados a día de hoy resultan discretos. El caso de Japón es muy curioso ya que el 85% de toda la deuda pública emitida (la mayor del mundo, ronda el 200% respecto al PIB) la compran los mismos japoneses que además están dispuestos a hacerlo a pesar de unas rentabilidades escasas. Esto ha permitido que un país en crisis desde hace más de dos décadas disfrute de una alta calidad de vida con un "estado del bienestar" envidiable costeado con esa deuda que no deja de subir. La tranquilidad que ofrece al gobierno el que sean los ciudadanos los que con sus ahorros financien un año tras otro el desajuste presupuestario, permite cierto blindaje ante las rebajas de rating por ejemplo. No es este el sitio para analizar los enormes problemas de la economía japonesa, muy ligados también a su envejecimiento demográfico pero el tamaño de su deuda es sin duda uno de los mayores riesgos globales.

Esa injerencia política directa que hemos visto en Japón en el que un primer ministro determina qué política monetaria debe aplicar el banco central no es habitual en Occidente aunque sí lo es en China. China ha vivido la crisis de forma diferente al resto manteniendo grandes crecimientos en lo peor de la crisis (2008 y 2009) con la ayuda de estímulos económicos de gran calado. Su política monetaria no ha sido tan heterodoxa como las de los demás, de hecho su participación en la guerra de divisas (de la que se le acusaba antes de la crisis por mantener artificialmente bajo el valor del yuan) global ha sido escasa durante la crisis ya que no ha hizo nada para evitar la revalorización del yuan salvo un mínimo ajuste en agosto de 2015. La mayor arma monetaria china es su inmensa cartera de deuda del tesoro norteamericana (aproximadamente el 7% de toda la emitida) y, en general, sus inversiones en el exterior en las que coloca el enorme excedente de divisas extranjeras que posee por sus años de gran exportador y no tan gran importador (superávit comercial). Tampoco pretendo analizar la compleja economía china aquí, a mi juicio abrazar el capitalismo y la globalización ha producido un gran crecimiento del PIB pero también ha adquirido en el camino muchos de sus defectos: el sistema financiero es inestable, hay una posible burbuja inmobiliaria, la desigualdad crece (incluso geográficamente las diferencias entre las ciudades costeras del este y las regiones del interior son enormes)… y su población es tan grande que necesita mucho crecimiento para que éste sea percibido por la población. Por desgracia, gran parte de ese incremento del PIB está influido por un gasto público en infraestructuras de dudosa rentabilidad. El gobierno chino está predispuesto a cambiar el modelo económico primando el consumo interno sobre el actual modelo exportador. Veremos si puede.

Teóricamente lo que BCE hizo hasta 2015 no es un QE sino un CE o credit easing (compra de deuda para suplir una demanda privada ausente), es decir, cuando ha comprado bonos griegos porque no los compraba nadie más o cuando compraba españoles porque la demanda era escasa. En el fondo, ese era el espíritu de la QE1 de la FED cuando compraba sólo papel hipotecario ilíquido pero luego Bernanke fue ampliando las compras. Otra diferencia es que el BCE intentó arriesgar menos al inyectar liquidez dinero a los bancos (las LTRO que tanto ayudaron al sistema financiero en 2012 sobre todo) usando como garantía colaterales del balance de éstos. De este modo hay una doble red de seguridad: aunque el emisor del activo que sirve de colateral falle en el pago al no comprarlo directamente BCE, el responsable es el banco que recibe el crédito y, salvo que quiebre, podrá hacer frente al abono al BCE. El problema del BCE está relacionado con los problemas de desunión de la Eurozona: no es un banco central de un país sino de un grupo de países y por tanto, sus medidas deben intentar contentar a todos y eso es difícil entre economías tan diferentes y con ciclos distintos. Las medidas más importantes que ha tomado han sido motivadas por el miedo a una ruptura de la Eurozona que ha llevado al núcleo duro (liderado por Alemania) a ceder y aceptar políticas arriesgadas para sus intereses pero menos costosas que la salida de un país de la Eurozona. En este debate hay mucha subjetividad porque muchos critican a los países que defienden hacer lo que más creen que beneficiará al suyo como si fuera habitual que un gobierno antepusiera los intereses de otra nación a los de la suya propia.

Ya lo he comentado antes con el tema de los eurobonos, lo que para los portugueses puede ser algo genial para los austriacos puede ser muy negativo y el papel de BCE en todo esto es muy complicado, difícilmente podrá sobrevivir si tiene un enfrentamiento directo con alguna de las grandes economías. Por un lado, debería centrarse en los países con mayor riesgo financiero ya que son los que más amenazan el proyecto común pero BCE es un banco público, también debe vigilar las inversiones que hace con el dinero de todos. BCE tiene unos estatutos que sólo los políticos pueden cambiar y en ellos dice que su objetivo es controlar la inflación y promover el buen funcionamiento de la infraestructura del mercado financiero, es decir, apoyar a la banca. El crecimiento o el paro no son competencias suyas y tampoco puede financiar directamente a estados, algo que indirectamente ya ha hecho. Son los políticos los que pueden ampliar las competencias de BCE, es injusto pedir a BCE que haga más de lo que ha hecho. Aun así, se le pidió tanto que hiciera una QE similar a la de la FED, que en 2015 cedió. Sin embargo, hay muchas dudas sobre la efectividad que tendrá. Las QE surgen cuando ya no se pueden bajar más los tipos de interés oficiales y gracias a ellas se pueden rebajar los tipos de interés de largo plazo (los de la deuda) e impulsar de ese modo el crédito de largo plazo. En la Eurozona ya ha sucedido esa rebaja y nada ha cambiado, los bancos siguen sin inyectar dinero en la economía real, no es un problema de tipos de interés sino de falta de confianza por los altos ratios de morosidad y las malas perspectivas económicas. Pensar que porque la rentabilidad del bono español se rebaje aún más los bancos van a conceder más préstamos no es muy realista.

Como resumen a este capítulo voy a contar 10 cosas que he aprendido con esta crisis si bien la mayoría he de confesar que las sospechaba antes:

1) Tras estos años creo que la excusa institucional del "no hay dinero" ya no funciona. Se ha demostrado que, cuando ha hecho falta, cuando los estados han determinado que había riesgo de un cataclismo sistémico, han aparecido de la nada cientos de miles de millones de €, $, £, ¥... Y han arriesgado su solvencia avalando emisiones de deuda privada o fondos de rescate. El motivo por supuesto ha sido siempre salvar al sistema financiero y siguen convencidos –por lo que se ve la mayoría del mundo económico está de acuerdo con esa política- que salvar a los bancos justifica todo esto. Así pues, si hiciera falta que la comunidad internacional proporcionara medios económicos no digo ya para acabar con el hambre en el mundo –que nadie me acuse de demagogia- sino para obras más modestas como limpiar de contaminación el río Níger o investigar los fondos marinos, ya no pueden decir que "no hay dinero".

2) El tópico de que las crisis impulsan el nacionalismo se ha demostrado cierto.

3) Las bolsas cuando caen reflejan una mala situación económica pero incluso con ella pueden subir. Hemos podido ver cómo el efecto liquidez barata es capaz de vencer a los malos datos macroeconómicos.

4) A nivel empresarial es cierto que las mejores compañías (las más innovadoras) han crecido incluso con la crisis y las peores han recibido –o están recibiendo aún- la puntilla por la mala situación económica global pero esa relativa "justicia" no creo sea aplicable a las pymes ya que muchas han tenido que cerrar no por mala gestión sino por el cierre del acceso al crédito, los impagos de proveedores y en ocasiones no por ellas mismas sino por ser de determinados países considerados menos solventes. Tampoco a nivel de empleados es cierto que un ajuste laboral fuerte haga perder el trabajo a los peores y mantenga en el puesto a los mejores. Tanto en lo que yo más conozco (temas financieros y medios de comunicación) como en general. Políticos, banqueros, grandes especuladores del ladrillo... en España estamos hartos de que, siendo responsables del descenso en la calidad de vida de millones de personas, éstos vivan como si la crisis no fuera con ellos. Y no hace falta dar nombres...

5) El PP y el PSOE han demostrado ser muy malos gestionando a nivel municipal, autonómico, estatal y en situación tanto de expansión como de contracción económica lo que hace necesario un cambio político en España que vaya más allá de su alternancia electoral. Hay que encontrar un sistema para que gobiernen los mejores y no los que mejor se desenvuelvan en una estructura de partido que además exculpa la corrupción y los errores de los suyos. Si esto no se hace a pesar de estar como estamos, es que es cierto que tenemos lo que nos merecemos.

6) La inoperancia de los políticos no es exclusiva de España, en un momento de crisis global no ha habido un liderazgo claro de ningún dirigente de ninguna gran nación que haya sabido anteponer el bienestar común a sus intereses electorales. También se ha podido comprobar cómo las previsiones se hacen sin tener en cuenta las crisis a pesar de que todos sabemos que son cíclicas por lo que ninguno ha sabido gobernar pensando en el más allá de su mandato y políticas de estado como la sostenibilidad de las pensiones públicas se han encontrado sin financiación por falta de previsión. Ni el FMI ni gobiernos ni casas de análisis están incluyendo en sus previsiones para el futuro que por pura estadística volverá a haber otra crisis global en un futuro cercano.

7) La Eurozona ha demostrado la inviabilidad de su proyecto porque ante una grave crisis ha quedado claro que unir diferentes estados con situaciones y cifras económicas diferentes sólo funciona si se prima el interés común sobre el nacional y Europa no está preparada para ello. Si la Eurozona sigue unida es por el coste económico que supone su ruptura y no por su idelogía pan-europeísta

8) La deuda y el crédito pueden ser un motor de crecimiento pero su exceso puede convertirla en el mayor lastre y, como hemos podido comprobar en España con la deuda pública, basta unos pocos años de grandes diferencias entre gastos e ingresos –déficit presupuestario- cubiertos con ella, para que se dispare. Controlar que no sea excesiva tanto a nivel familiar como corporativo como estatal es una de las lecciones que no debemos olvidar.

9) Es cierto que China es el futuro y estos años ha reducido su diferencia –junto con otros emergentes- con los países "desarrollados" pero también se ha demostrado que aún sus economías son muy dependientes del consumo occidental. La intención china de cambiar su modelo económico que antes comenté demuestra que ellos también se han dado cuenta.

10) Sabemos que sin cambiar el modelo actual, habrá una próxima crisis en unos pocos años (o meses) y que de hecho, salimos de la anterior –que apenas ocurrió 7 años antes del inicio de la actual- gracias a la liquidez barata de los bancos centrales hacia el sistema financiero que la utilizó como quiso (básicamente generando burbujas y arriesgando demasiado), exactamente igual que está haciendo ahora. He aprendido que no aprendemos e insistimos en lo mismo una y otra vez…

Este último punto es clave ya que hay que hacer algo para que no haya otra crisis o al menos la próxima no sea tan profunda. Luego volveremos sobre ello.

7) ¿Una crisis sistémica?

Hagamos un poco de Historia: en la Antigua Mesopotamia –hace más de 4 mil años- se usaban tablas de arcilla como dinero (o como rudimentarios cheques) ya que estaba escrito sobre ellas "se pagará al portador tanto trigo (o tanta cebada)", exactamente lo que pone en los billetes, que un papel vale algo; es decir, una simple cuestión de confianza. En la actualidad se ha llegado al extremo de que confiamos en algo tan virtual como las anotaciones que vemos en el ordenador hasta tal punto que se calcula que todos los días 3 billones de $ cambian de mano en los mercados de divisas sin que nadie los vea. Los economistas diferencian el dinero en agregados monetarios siendo la más importante la M3, que prácticamente engloba todo el efectivo que hay. No hay que confundir esto con el dinero físico: en la €zona por ejemplo hay casi 5 veces más euros en depósitos bancarios que euros en forma de billetes y monedas. Pero que nadie se asuste, en estos tiempos de internet no es necesario tanto papel ni tanto metal ya que bastan las anotaciones en cuenta. Un multimillonario actual no necesita una piscina de dinero como la que tenía el Tío Gilito (para los más jóvenes una especie de Señor Burns), le basta con ver su saldo en una pantalla de ordenador. De todos modos, las más grandes fortunas del globo no tienen por qué tener mucho efectivo, les basta con poseer un gran patrimonio por lo que medir sólo el dinero es parcial.

Una cosa es el dinero y otra los activos. Un activo es cualquier bien que se puede convertir en dinero pero sólo es dinero cuando se convierte y no antes. Y es el movimiento alcista o bajista del precio de los activos lo que últimamente más influye en las expansiones y recesiones económicas. Una sobrevaloración de activos, sean bursátiles o inmobiliarios, nos lleva a creer que tenemos más dinero y lo contrario a sentirnos más pobres, aunque el asunto no es sólo psicológico porque el valor de nuestros activos determina también cuánto crédito tenemos. Si pedimos un crédito utilizando como aval un activo, el precio al que ese activo se puede convertir en dinero es vital. Si tenemos 1000 acciones de Santander y valen 10 euros, dispondremos de 10 mil euros si las vendemos, pero si basándonos en esa propiedad nos conceden un préstamo de 8 mil euros y el precio de las acciones baja de 8 tenemos un problema, y lo mismo ocurre con las hipotecas.

El crédito (que viene de la misma raíz latina que creer) también se basa en la confianza, y sin él no es explicable el desarrollo de la civilización tal y como la conocemos ya que las grandes inversiones comerciales e industriales se han podido desarrollar gracias a él. Leonardo de Pisa, conocido como Fibonacci (famoso por el número áureo y en los mercados financieros por el uso de sus proporciones en el análisis técnico), escribió en 1202 el Liber Abaci, una extensa obra que contiene casi todo el conocimiento algebraico y aritmético de la época. En ella Fibonacci exponía, entre otras cosas, la importancia del sistema de numeración indo-arábigo y demostró que el sistema numérico romano no era útil para el comercio y las matemáticas (por ejemplo para calcular porcentajes) y explicó la conveniencia de adoptar los números que conocemos a día de hoy por lo que es considerado como el impulsor de los créditos, ya que los animó.

Los créditos de la Italia medieval, al estar basados en actividades comerciales arriesgadas, obligaban a los prestamistas a exigir intereses onerosos a los prestatarios, algo prohibido por la iglesia católica pero no en la judía (siempre y cuando fuera a un no judío), por lo que rápidamente éstos monopolizaron ese mercado lo cual por cierto ayudó a su exclusión social (algo que ha trascendido a nuestra época: los que conceden créditos en la actualidad –los banqueros- suelen estar mal vistos en la sociedad). De hecho, los usureros judíos tenían problemas para conseguir presionar de forma no violenta a un moroso, ya que éste tenía un fuerte apoyo social a no devolver el dinero a un judío lo que provocaba continuos problemas con la Justicia. Probablemente los bancos nacen –en el siglo XV- como reacción a los problemas que los usureros judíos tenían para cobrar sus préstamos lo que permitía a un cristiano inteligente dominar ese mercado con poca competencia. ¿Cómo pudo un cristiano cobrar intereses sin ser atacado por la iglesia en aquella época? El truco para resolverlo fue ocultar los créditos por interés (prohibidos) con cambios de moneda por los que cobraban comisión (cada vez mayor según había más demora) que sí eran legales. Esta argucia no les libraba del problema con los morosos pero resultaba mucho más fácil para un banco de cristianos como la Banca Médici –que pronto se expandió de Florencia a Venecia y Roma- conseguir tener a la ley de su lado que a un usurero judío. También ayudaba que pagaban impuestos.

Es decir, la banca se convirtió en un negocio rentable y respetado y ya entonces el poder de los banqueros era tan grande que de hecho en el caso de los Médici era mayor que el del poder civil de Florencia y en ocasiones incluso del religioso (3 papas fueron de la familia). Los Médici acabaron quebrando por conceder demasiados créditos a la nobleza, personas que luego no resultaron ser tan solventes como parecían. Pero muchos bancos modernos en la última orgía de crédito ni siquiera tienen la excusa de dejarse llevar por la apariencia. Como recuerda el profesor de Harvard Niall Ferguson analizando la actual crisis, las entidades financieras prestaron durante años dinero a personas poco solventes, especialmente en los EUA. Las leyes de bancarrota personal ayudan a que los morosos no vayan a la cárcel por sus deudas en los EUA por lo que los norteamericanos son más proclives al riesgo financiero. Absurdo que los bancos, conociendo esto, no fueran más estrictos en sus préstamos y, sobre todo, que se consideren inocentes de que esos créditos pasaran a ser colaterales de emisiones de bonos globalizando los problemas financieros de personas de baja solvencia. Y más absurdo aún que los que deben controlar a los bancos, lo permitieran.

En resumen, la historia desde hace milenios nos enseña que la economía –tal y como la entendemos- se ha desarrollado en gran parte gracias al dinero pues posibilita la especialización en el trabajo, la innovación y la acumulación de capital. Sin él difícilmente puede aumentar la productividad y, por tanto, progresar la sociedad. Es el precio poco realista de los activos y los créditos concedidos basados en esa valoración irreal los responsables de las depresiones económicas. Ahí tenemos la pista de cómo salir de ésta: ajustando precios y reduciendo deuda (des-apalancamiento). Lo primero no se hace, de hecho se siguen políticas que propician burbujas y lo segundo ya está ocurriendo salvo en el caso de la deuda pública cuya tendencia es la contraria. Pero hay quien cree que la crisis actual es sistémica, que demuestra que el actual sistema capitalista no merece una reforma –como yo propugno, y además creo debe ser radical-sino ser sustituido por otro. Lo veo complicado y voy a contar por qué.

Las personas somos ante todo ciudadanos, pertenecemos a una sociedad en la que aceptamos para convivir las normas que se nos imponen si no queremos ser unos inadaptados. A esto ha ayudado mucho un aspecto biológico del hombre: cuando nace, su cerebro está poco desarrollado (si lo estuviera más el tamaño de la cabeza mataría a la madre en el parto) por lo que, contrariamente a la mayoría de especies animales, necesitamos ayuda para alimentarnos y desplazarnos durante años. Necesitamos una familia. Esta dependencia durante los primeros años de vida ha generado en que la inicial familia/tribu se extrapole a ciudad, país, incluso raza. Gracias a los medios de comunicación somos conscientes que hay seres humanos en todo el planeta que sienten de un modo similar al nuestro y por los que sentimos una afinidad. La forma de organizarnos para vivir en este planeta no ha sido tan diferente a pesar de las distancias y, sin ser similares en el tiempo, hay que decir que los emperadores chinos, los zares rusos y los reyes absolutistas europeos han gobernado a sus pueblos de un modo parecido: invocando la ascendencia divina, arrogándose el derecho a la propiedad sobre ciudadanos, bienes y tierras y basando su autoridad en la genética sobre las cualidades individuales.

Hoy lo estamos viendo con la globalización. Sin hacer un análisis detallado de la historia de la humanidad lo cierto es que a partir de la Revolución Francesa y la Independencia Americana (años antes también pero de un modo generalizado después) quedó claro, al menos en Occidente, que la influencia genética es limitada: uno puede ser hijo de un analfabeto y ser el hombre más listo, ser el hijo del mejor zapatero y dedicarse a ser piloto de aviación. A partir del momento en que se empezó a romper esa tiranía del nacimiento que encorsetaba a los individuos, la evolución de la sociedad humana ganó en velocidad. Cuando la cultura se universalizó, el origen social humilde -siendo un escollo- no era insalvable y las personas pudieron brillar por sí mismas, y así todo mejoró. La sociedad empezó a ofrecer posibilidades de mejora en función de los méritos individuales que son tan diversos como opciones de progreso existen.

Es más que probable que la revolución técnica no hubiera sido universal en Occidente si hubiéramos seguido con unas clases sociales impermeables y una cultura sólo al alcance de unos pocos. ¿Cuál ha sido pues la chispa que nos ha llevado a la sociedad moderna? Primero de todo, la libertad, la libertad de tener la opción de ser mejor. ¿Por qué unos tienen mejores trabajos que otros o simplemente más dinero que otros? No todos tenemos las mismas oportunidades: un hijo único heredero de una gran fortuna lo tiene más fácil que el hijo de un obrero de una familia numerosa pero hablando en términos medios en un país europeo las posibilidades de la mayoría son muy parecidas por lo que es el esfuerzo y talento individual lo que marca la diferencia. Personas de origen humilde se han situado muy por encima de personas que han nacido en familias de fuerte poder político y económico. ¿Y qué es lo que nos lleva a querer prosperar? La inmensa mayoría si es sincera contestará: para vivir mejor. Vivir mejor para unos es tener fama, para otros ser rico, para otros que sus hijos progresen...los sueños afortunadamente son innumerables.

Toda sociedad humana debe luchar para que todos sus miembros tengan la opción de poder ser mejores, progresar y alcanzar sus sueños. Como especie animal que somos la manutención es nuestro objetivo básico dentro del grupo lo que se traduce en la actualidad en conseguir dinero para obtener comida, bebida, alojamiento... Cuanto más dinero tengamos, mejor comida, bebida y alojamiento tendremos. Y si tras eso, aún nos sobra dinero, tendremos posibilidades de ocio: que nos cocinen en un restaurante, que un avión nos lleve a un paraíso tropical, que nos den un masaje, que alguien nos limpie la casa... Suena muy materialista pero lo cierto es que la sociedad en que vivimos, y a la que hemos llegado tras una larga evolución, funciona así. Y como el dinero que conseguimos lo gastamos en otras personas que nos dan un servicio a nosotros, no explotamos a nadie; simplemente con nuestro trabajo compramos el suyo y ellos con el suyo compran el de otro y así sucesivamente, de modo que todos somos empresarios puesto que siempre tenemos a gente trabajando para nosotros.

Básicamente, ese es el sistema capitalista y el que más éxito ha tenido en nuestra sociedad de seres humanos creo yo porque es el que más se parece a nuestra propia estructura de pensamiento. La inmensa mayoría de las personas, si reciben un premio en metálico, por ejemplo en la lotería, usan ese dinero para mejorar su calidad de vida y quizás la de las personas que les rodean y tras eso, puede que una mínima parte vaya a desconocidos. Si actuamos así con un dinero que procede del azar, ¿cómo vamos a actuar con un dinero que procede de nuestro esfuerzo? Lo mismo con la igualdad, muy pocos preferirán no tener en propiedad un millón de € en lugar de repartirlo dando 1€ a un millón de personas. El sistema agrario chino comunista fue un desastre en términos de producción hasta que permitieron a los campesinos tener parcelas de propiedad privada en lugar de comunal. Entonces la productividad aumentó muchísimo porque está en nosotros el querer vivir mejor y luchamos más por lo nuestro que por lo de todos. Puede que sea una conclusión triste pero la Historia nos lo ha demostrado. Ninguno trata igual a las plantas del parque que a las que tiene en su balcón ni al autobús público que al propio coche. Por eso el comunismo como sistema (otro tema es la influencia positiva de su pensamiento sobre ciertos defectos de la sociedad capitalista) ha resultado ser un fracaso. Porque todos debemos ser iguales en oportunidades cuando nacemos (y es una causa por la que merece la pena luchar) pero queremos recibir de la sociedad en función de nuestros méritos individuales; por utilizar un símil muy simple cualquier aficionado al fútbol no entendería que en un mismo equipo la estrella gane el mismo dinero que el taquillero del estadio.

Es muy común pedir a las multinacionales que actúen de forma diferente a como actuaríamos nosotros y no tiene sentido ya que las empresas son inventos humanos dirigidas por humanos y quieren el máximo beneficio con el mínimo coste. Igual que nosotros, que queremos el mejor salario con la menor cantidad de horas de trabajo posibles. Así pues, considerar la estructura económica del mundo como algo ajeno a nosotros quizás no sea justo cuando la única gran diferencia es simplemente la escala. Por ejemplo, un tópico muy extendido es la idea que el Tercer Mundo está muy mal por culpa nuestra. Es evidente que podríamos hacer mucho más por la gente de allí pero al fin y al cabo las armas no son baratas y todas las guerras que se desarrollan por allí son financiadas con dinero que mitigaría las hambrunas y el ejemplo más fácil lo tenemos en Corea del Norte, potencia nuclear con una gran parte de la población en el umbral de la pobreza. El tópico bienintencionado dice: "las empresas deberían invertir más allí para que los inmigrantes no vengan aquí". Y en parte es cierto, por supuesto, como lo es que muchísimas empresas occidentales y en concreto españolas están invirtiendo en el Tercer Mundo, desde Marruecos hasta Nicaragua pero claro, para que una empresa arriesgue el dinero de sus accionistas en un país exige de éste una serie de condiciones como son la estabilidad política, la seguridad jurídica, las infraestructuras etc. Eso, o una rentabilidad tan alta que merezca la pena el riesgo.

No creo que ninguno de nosotros invirtiéramos nuestro dinero y menos el de la gente que nos lo ha confiado, en una inversión que no nos parezca segura y de la que no pensemos que vamos a obtener beneficio. Si yo no pondría mi dinero en un banco somalí si no es con las máximas garantías y a cambio de una gran recompensa monetaria, ¿no sería incoherente pedir que lo hagan los demás? Tanto para una empresa como para una persona hay una máxima a cumplir: a mayor riesgo, mayor rentabilidad. Nadie espera obtener lo mismo arriesgando su dinero en bonos alemanes que comprando acciones de una pequeña compañía recién nacida, si un inversor se arriesga en Tanzania esperará obtener muchísimo más dinero -a cambio del riesgo asumido- que si invierte en Dinamarca. Y lo que no sería lógico es esperar que las compañías multinacionales (o nuestro país con los fondos de los contribuyentes) hagan algo diferente de lo que nosotros mismos haríamos si arriesgáramos personalmente nuestro dinero.

Es por eso que económicamente es suicida que ciertos dirigentes pretendan sacar adelante un país provocando la desconfianza de los inversores extranjeros. Sí, despiertan la simpatía de muchos que encuentran ese mensaje "anticapitalista" atractivo pero hasta Cuba necesitó la inversión extranjera para ofrecer una infraestructura hotelera adecuada gracias a la cual son una potencia turística y así han podido sobrellevar la caída de la URSS. Y donde sí se genera confianza, donde se han dado las condiciones correctas, ahí tenemos el ejemplo de los "tigres asiáticos", en pocos años se ha salido del pozo porque la inversión exterior ha llegado. Luego también es necesario que sea el Tercer Mundo el que dé algunos pasos, y cuando los da el beneficio es global. Cuando las empresas del Primer Mundo se mueven hacia países más pobres no sólo provocan un enriquecimiento de esas zonas, sino que los consumidores occidentales podemos adquirir productos similares a un menor precio. Occidente, por tanto, se beneficia a través de dos vías de la "deslocalización": por un lado, los accionistas de esas empresas ven incrementada su riqueza al obtener un mejor dividendo de ellas gracias al recorte de gastos; por otro, los consumidores europeos experimentan un aumento de sus rentas reales y, en definitiva, de su ahorro, al gastar menos dinero por lo mismo. Así mismo, los trabajadores del Tercer Mundo perciben mayores salarios que antes, lo que, a su vez, les permite ahorrar, acumular capital y mejorar su calidad de vida. La mayor renta de unos y otros permite incrementar la acumulación de capital y, en definitiva, la riqueza global.

Todo esto lo hemos podido comprobar durante años en los flujos de capital que ha habido desde los EUA hacia muchos países que entonces eran del Tercer Mundo como Corea del Sur o Taiwán y que han conducido a un mayor enriquecimiento del país poderoso y de los países receptores del capital. Que en esos flujos de capital y de diversificación haya víctimas es por desgracia normal y es achacable a las tremendas desigualdades que tiene la humanidad pero, a la larga, y aunque suene muy crudo, el que un empleado de una empresa textil de Elche se quede en el paro durante año y medio no es nada en comparación al hambre desterrada de una población en Filipinas gracias a que la empresa donde compramos esté allí. Y además, la mayoría compraremos más barato y mantendremos esa Seguridad Social que permite pagarle el subsidio de paro.

Tenemos la impresión equivocada de que la globalización es algo nuevo: pero antes de la Primera Guerra Mundial el mundo ya estaba casi tan globalizado, en términos relativos, como ahora. Incluso en los mercados financieros era habitual que la deuda que emitía Rusia se negociara en lugares tan dispares como Ámsterdam o Nueva York y el telégrafo permitía –como hoy lo hace Internet con los minoritarios- que los grandes inversores compraran y vendieran en las bolsas de todo el mundo (entonces en los mercados financieros sólo existía Europa y los EUA) aprovechando que los cambios de divisas estaban fijados al patrón oro. De hecho, fue la época histórica en la que más gente vivía fuera de sus países de origen. Lo que ocurre es que ese fenómeno sucedía mayoritariamente porque los países más avanzados poseían colonias y mucha población padecía de un estado de semi-esclavitud mientras que ahora el fenómeno globalizador también beneficia a los países en desarrollo. Ahí están las cifras para demostrarlo. Por una vez, creo que debemos de dejar de mirarnos el ombligo y pensar a lo grande: las crisis siempre conducen a las tentaciones proteccionistas y a la xenofobia pero no nos damos cuenta que lo que nosotros llamamos crisis es un lujo para cientos de millones de personas. Si ponemos trabas y aranceles, conseguiremos que las desigualdades en el mundo se amplíen. Si el libre comercio ha servido para la Unión Europea, Japón, los EUA y últimamente para China e India y lo contrario no le ha servido a nadie, ¿Por qué estar en contra de la globalización, por qué vivir aislados del Tercer Mundo? Las cifras están ahí: los ricos se vuelven más ricos pero también los pobres se vuelven menos pobres y el conjunto mejora. No se pueden despreciar esos enormes beneficios, lo que hace falta es reducir los inconvenientes y sobre todos los riesgos del actual sistema económico global.

Yo no creo que el capitalismo esté en crisis pero sí el capitalismo actual. Y el principal motivo está en el sistema financiero. Muchos creen que el dinero lo crean los bancos centrales pero en realidad la multiplicidad del dinero es generada por el sistema financiero. Veamos por qué con un ejemplo: Yo ingreso 1000 euros en mi entidad de ahorros. El banco destina a reservas el 2% de ese capital (20€) y destina el resto a 3 préstamos:

-380€ son destinadas a Pepe, que compra un billete de avión a Iberia. Iberia compra con ese dinero unos pañuelos para las azafatas, la empresa que vende los pañuelos ingresa el dinero en su banco. En el banco destinan de los 380€ un 2% a reservas (7.6€) y el resto lo prestan a alguien que se lo gasta por ejemplo en un billete de Renfe.

-Otro crédito de 300€ se lo lleva Pepa, que compra en Ebay un disco a alguien del Perú que a su vez con ese dinero compra on-line un móvil Nokia por lo que los euros vuelven a Europa y Nokia los ingresa en el banco, que se queda con un 2% en reservas y el resto lo moverá.

-Y los últimos 300€ los utiliza otro cliente que se los gasta en unas nuevas ruedas, el vendedor de los neumáticos se gasta el dinero en el supermercado que finalmente los ingresa en su caja rural que tras restar el coeficiente dispondrá del resto…

Es decir, el sistema financiero convierte los 1000 euros reales en una cantidad muy superior que origina una interacción económica teóricamente muy beneficiosa. Es lo que se llama el multiplicador monetario. Hay fórmulas para calcularlo pero lo que me interesa resaltar es que las matemáticas por sí mismas no sirven de nada sin tener en cuenta el contexto. En épocas de bonanza esos mil euros pueden convertirse fácilmente en 50 mil, en épocas de crisis mucho menos y en una crisis de solvencia del sistema financiero como la que hemos vivido en la Eurozona no hace mucho puede que todo el dinero se paralice en el banco y no circule. En cualquier caso, es labor del Banco Central vigilar el multiplicador monetario para ampliar o reducir la oferta monetaria e incluso aumentar o reducir el coeficiente de caja, y así evitar un sobrecalentamiento o un enfriamiento de la economía. La actual crisis es tan grave y tan única que la masiva inyección de liquidez que otras veces había funcionado no ha servido para aumentar lo suficiente el multiplicador monetario, lo que da la razón una vez más a los que dicen que la economía es un estado de ánimo. De hecho, de poco sirve el multiplicador monetario si el dinero se esconde bajo un colchón.

El que bancos tan grandes como algunos de los actuales tengan la capacidad de crear tanto dinero es un riesgo para la sociedad que deberíamos evitar. En ese sentido sí que esta crisis, sin ser sistémica gracias al dinero público gastado en que no lo fuera, ha avisado de que podría serlo y el motivo está en algo ya dicho: no es lo mismo tener dinero que tener dinero invertido en un activo, por muy seguro que éste teóricamente sea ya que la valoración de ese activo no es fija y puede variar constantemente. Un holandés llamado Peter Minuit compró la Isla de Manhattan en 1626 a los indios, el precio que pagó fueron varias cuentas de cristal, unos trapos rojos y unos botones de cobre; se dice que el coste total en la actualidad equivaldría a unos 24$. Como vemos, no es nuevo no saber cómo valorar determinados activos. Hasta hace unos años muchos creían que en la banca eso no ocurría, que las agencias de rating y los auditores sabían lo que se hacían pero creo que por fortuna la inmensa mayoría hemos aprendido la lección: algo vale lo que se pague por él. Y no hay otra y vale para todo, el problema es que esa valoración es absolutamente temporal pues las ofertas no permanecen fijas en el tiempo, eso explica por qué las acciones de Santander puedan valer 4 euros en marzo y 10 euros en agosto ¡del mismo año!

Además, por desgracia no todo es un mercado organizado con demandas y ofertas en tiempo real como el bursátil, hay edificios de oficinas, promociones a medio construir, préstamos a una empresa cuya supervivencia depende de conseguir nuevos créditos, inversiones en países que dependen de si gobierna un partido u otro… Por esta dificultad de medir el riesgo es por lo que existen hace tiempo ciertos criterios de prudencia contable y una normativa extensa sobre las provisiones de la morosidad comunes a toda la banca. Pero no es suficiente en una economía cíclica como la actual. Mientras no se reforme el sistema financiero que tenemos es inevitable que siempre haya más deudas -avaladas por algo físico pero deudas- que dinero real y será el valor de tasación que las circunstancias otorguen a ese algo físico usado como aval, lo que determine el dinero que "existe".

Con un ejemplo se ve claro: si compramos una vivienda tasada en 40 y nos endeudamos en 35, la vivienda baja a 20 y nos reclaman la deuda lo hemos perdido todo pero si sube de precio, la volvemos a tasar y la valoran en 60 hasta podemos conseguir si queremos más dinero… y la casa es la misma, sólo cambia nuestra desesperación en un caso y nuestra alegría en el otro. Y como humanos que somos sólo en el caso del fracaso nos acordamos de lo artificial de este sistema, por otra parte exitoso en términos históricos. No obstante, ¿Hay un sistema mejor? O más concretamente, ¿Hay un sistema mejor que no empeore nuestras actuales condiciones de vida en el "primer mundo"?

Parece claro que en la economía actual la corriente económica que más está influyendo –tanto a gobiernos de derechas como de izquierdas- es la keynesiana o más bien la interpretación mayoritaria de ciertas ideas de Keynes. Casi la única alternativa ideológica a ello viene de la denominada corriente austriaca (más conocidos por sus contrincantes como "neoliberales"), que a su vez están bastante divididos en muchos aspectos y que por tanto no es muy correcto englobarlos en una misma etiqueta. Como figuras más visibles del "keynesianismo" en el mundo destaca Paul Krugman, no sólo por su premio Nobel (recibido por sus estudios sobre comercio internacional) sino porque escribe casi a diario en el New York Times. Sin embargo, el público en general no conoce a las principales figuras del pensamiento liberal y está tan confundido que hasta cree que el gobierno del PP lo es. No hay espacio para tratar de todas las apasionantes polémicas teóricas entre los partidarios de todas las corrientes económicas pero me voy a centrar en la que concierne a algo tan básico como la respuesta teórica ante una crisis como la actual.

Los keynesianos defienden que si el consumo privado cae, el estado debe sustituirlo con planes de estímulo para que la actividad económica no decaiga. El punto más extremo de este punto de vista se lo leí a Krugman cuando afirmó que la solución a la crisis vendría de actuar como si nos defendiéramos de una invasión alienígena: toda esa inversión para la defensa provocaría un aumento del PIB inmediato. Keynes ya expuso que enterrar botellas con dinero en minas en desuso y vender la explotación de ellas a quien quisiera desenterrarlas provocaría beneficio económico y empleo. De hecho, alguno de sus seguidores ha utilizado esa analogía para ironizar sobre el patrón oro ya que defienden que la mejor función de éste ha sido la actividad económica que ha generado al extraerlo del subsuelo para volverlo a enterrar en los sótanos de los bancos centrales.

Siguiendo con este razonamiento, cualquier inversión de dinero público, aunque no sirviera para nada útil, sería positiva. Es la filosofía del famoso plan E de ZP de 2009 y, aunque a los del PP les moleste, la misma que la de intentar organizar los JJ.OO. de 2020 en Madrid. La idea no tiene por qué ser negativa per sé pero como ya dije en 2009 cuando critiqué el plan E: "¿qué sentido tiene gastar un dinero que no tenemos en algo no necesario cuando hay tanto por hacer en este país?" Construir autopistas sin tráfico, aeropuertos sin aviones o estadios para una celebración puntual que además no tienes claro que te concedan con un nivel de deuda pública que ronda el 100% del PIB aparte de no cuadrar con un país que presume de austeridad, es absurdo cuando a la vez se recorta en aspectos básicos como sanidad y educación o cuando las carreteras ya construidas necesitan un mejor mantenimiento que no se hace por falta de fondos. En cualquier caso, como ya pasó tras la crisis de 1929, lo más probable es que la solución keynesiana de estímulos públicos tirando de deuda gracias a la capacidad mayor de financiación de los estados y la ayuda de políticas monetarias poco ortodoxas de los bancos centrales acaben, más tarde que pronto, con la depresión pero, ¿hubiera sido la alternativa liberal mejor?

Imposible saberlo pero veamos qué se hubiera hecho teóricamente si fuera la corriente predominante en el mundo: los liberales creen que si el consumo privado cae, las empresas deben transformar sus productos, abaratándolos o mejorándolos hasta conseguir el beneplácito del comprador y si no lo consigue, debe quebrar. Nadie debe sostener un negocio que no funciona y al que el consumidor ha dado la espalda, por ejemplo las cajas de ahorros españolas hubieran tenido que reconvertirse o morir ya en 2008 y con ello nos hubiéramos ahorrado mucho dinero público ya que todas las empresas deberían haber hecho como Apple o los inventores de las cafeteras en cápsulas que, incluso ofreciendo productos más caros que la media, han conseguido vender más que nunca justo en la peor crisis en 80 años. Evidentemente sin el apoyo del estado y los bancos centrales 2008 y 2009 hubieran sido años más duros pero, ¿estaríamos mejor ahora si hubiéramos dejado que se estabilizara por sí sola la relación entre el productor y el consumidor?

De nuevo imposible dar una respuesta segura al 100% pero mi opinión es que en un mundo sin deuda seguramente sí pero en el actual lo veo muy difícil porque la imposibilidad de devolver tanto dinero inexistente hubiera sido posiblemente un golpe mortal para el sistema económico global. Es decir, creo que esta crisis viene provocada por un abuso de las políticas keynesianas durante la época de expansión que provocó un exceso de crédito barato que disparó la deuda de muchos estados, familias, empresas y bancos hasta niveles insostenibles. Ante ese panorama la auto-regulación entre los actores económicos se me antoja utópica y es probable que sólo medidas mixtas fueran posibles. El caso es que se aplicaron sólo medidas keynesianas que, con mucha lentitud y mucho coste social como estamos viendo, han evitado el cataclismo que esas mismas políticas crearon. Pero una vez más, como ya ocurrió tras la crisis de 2001, el mantenerlas y no enmendarlas será el germen, a mi juicio, de la próxima gran recesión. Yo creo que debemos cambiar el modelo económico, dejar de intentar crecer a toda costa y reducir la deuda. Hay que luchar contra esa aceptación de que las crisis son cíclicas e inevitables. Pueden acabarse si hacemos las cosas de forma diferente pero si las hacemos igual está claro que pasará lo mismo. O peor.

Llevamos años que gobiernos "socialistas" recortan derechos y conservadores suben impuestos, las diferencias ideológicas cada vez son menores y las soluciones contra la mala situación económica de unos y otros se diferencian poquísimo. El sentido común y la coherencia deben estar por encima de las ideologías y por eso critico igual las subidas de impuestos del PSOE y las del PP y aplaudo si baja el paro gobierne el que gobierne ¡faltaría más! Pero algunas cosas chirrían mucho, por ejemplo siempre se han asociado a pensamientos de "izquierdas" la ecología, la crítica a la sociedad de consumo y la lucha contra el mantra del crecimiento como fin último de la economía, y sin embargo ahora que estamos en crisis y que una posible transformación del modelo sería más fácil de hacer que nunca, resulta que las propuestas de los partidos "de izquierda" se resumen en endeudarnos más para aumentar el crecimiento dejando muy claro que hay que impulsar el consumo, exactamente lo que lleva haciendo Occidente hace décadas y más recientemente China. ¿Qué hay más capitalista que querer que nos creamos - gracias al crédito- más ricos de lo que somos y así consumamos más? Aparte de ser lo que nos ha llevado a la situación actual…

Y en cuanto a las corrientes económicas pues depende, por poner 2 sencillos ejemplos: no estoy de acuerdo con la inflación, al ser un "impuesto" que afecta a todos los consumidores no es igualitario y perjudica más a quien menos tiene y en eso estoy en contra de la corriente keynesiana, creo que los precios se deben mover en función del coste y de la oferta y la demanda, sin intromisión del banco central. Pero tampoco estoy a favor de los liberales cuando confunden la defensa del individualismo -algo que comparto- con la indefensión del ciudadano: hace falta supervisión y más en temas financieros que son tan desconocidos por el gran público. Personalmente odio las etiquetas, estoy de acuerdo y en desacuerdo con pensamientos y reflexiones de gente de lo más variada y creo sinceramente que hasta criminales como Hitler o

Stalin tomaron algunas decisiones acertadas. Detesto el blanco o negro y la descalificación del que no piensa como nosotros, creo en la versatilidad y en coger sin rubor lo que consideremos mejor de cada ideología para crear una opinión propia lo más coherente y razonada posible. Encasillarse es limitarse. Precisamente lo que necesitamos para que esta no sea una crisis sistémica es abrir nuestra mente, no cerrarla.

8) Límites.-

Pienso que la Humanidad hasta el siglo XX era como un renacuajo que apenas había conocido algunas zonas de su charca y que gracias a su curiosidad y su cultura en el siglo pasado consiguió convertirse en una rana que ya consiguió ver la charca desde fuera, pasearse por el exterior, comprender de una forma visual la pequeñez de su propio mundo. Siguiendo con la metáfora, aunque algunas ranas muy listas nos lo han explicado, para la gran mayoría de habitantes de la charca nos es imposible imaginar siquiera términos como el del océano y su inmenso tamaño (agujeros negros, años luz…) ya que nuestra proporción del tiempo y el espacio es diminuta para lo que hay ahí fuera. ¿Qué tiene que ver todo esto con la economía? Pues yo creo que todo, porque una vez determinada que la exploración espacial no va a suponer –salvo que alguna revolución tecnológica nos ayude- que en las próximas décadas tengamos otro sitio donde vivir, nos debe importar mucho el estado de nuestra charca.

Los humanos nos consideramos muy importantes porque el desarrollo evolutivo de nuestro cerebro ha propiciado que colonicemos todo el planeta Tierra y podamos enorgullecernos de ser los miembros más inteligentes del reino animal. Sin embargo, somos una especie muy joven, el primer homínido que usó una herramienta, al primero que podemos decir que destacó sobre los demás –el homo hábilis- lo hizo hace unos 2.3 millones de años y hace tan sólo 200 mil años que existe al homo sapiens. Para hacernos una idea de lo poco que es eso lo podemos comparar con los dinosaurios que vivieron unos 160 millones de años. En cualquier caso, los dinosaurios nos proporcionan una esperanza cuando pensamos en nuestro fin como especie ya que desde que comenzó su extinción –parece ser que por un meteorito hace unos 70 millones de años - hasta que el último murió los científicos calculan que debieron pasar más de 2 millones de años, así que si ocurre alguna catástrofe planetaria, siendo más listos y adaptables que los dinosaurios, hay motivos para ser optimistas.

Sin embargo, el humano es el único animal que tiene la capacidad de dañar a todo el planeta -un límite físico de momento insalvable para la Humanidad- con su actual nivel de desarrollo y lo puede hacer muy rápidamente. Hay una corriente que aboga por frenar el aumento de la población para que esto no ocurra. Malthus ya advertía de esto en 1798, en su obra "Ensayo sobre el principio de la población" expresó que la población suele aumentar en progresión geométrica (1, 2, 4, 8, 16, 32, etc.) en periodos anuales, de tal modo que se dobla cada veinticinco años mientras que la comida lo hace en progresión aritmética por lo que llegaría un momento en el que se acabarían los alimentos. Obviamente, Malthus no tuvo en cuenta ni el progreso agrícola ni los diferentes factores que pueden influir en el crecimiento demográfico: dejando a un lado el espinoso tema del control de la natalidad, que ha variado de las hambrunas y las guerras de tiempos pasados a la "voluntariedad" habitual en las sociedades más modernas, lo cierto es que hasta ahora la economía no ha parado de demostrarnos que es capaz de generar más y más crecimiento a pesar del aumento de población y de la finitud de los recursos. Y aunque hay un problema con el reparto, contra lo que pudiera parecer las cifras indican que, aunque el ritmo sea lento, el hambre en el mundo se está reduciendo. Y parece que sí es posible que haya suficiente alimento para todos incluso aunque seamos varios miles de millones de personas más a finales de este siglo. La cuestión es: ¿Será posible mantener la "calidad de vida" en el sentido occidental que todos conocemos? Simplemente la legítima aspiración de un tercio de la población mundial (indios y chinos) por alcanzar nuestro status de "consumidores" está encendiendo todas las alarmas ecológicas.

Nos queda la duda de si la ciencia podrá ir más rápido que el aumento de la población mundial. La versión optimista es que siguiendo con la tónica del último siglo nuevos logros seguro aparecerán (mejores aleaciones, cultivos agrícolas marinos, motores más eficaces aún...) y que seguramente a los agoreros les ocurra como a Malthus y se equivoquen menospreciando la capacidad del hombre de superar los problemas. La versión negativa es que los años corren en nuestra contra y los avances tecnológicos no van a llegar a tiempo al actual ritmo de consumo insostenible. El principal ejemplo es el petróleo: ¿Se encontrará un combustible que pueda hacer despegar a un avión antes de que éste se acabe? O sin irnos tan al futuro, ¿Será rentable volar al precio que costará extraer el crudo dentro de 50 años, cuando el tráfico aéreo indio y chino sea similar al de los EUA? Son preguntas sin respuestas absolutas a día de hoy si bien la tendencia actual parece ofrecernos un futuro en el que europeos y norteamericanos frenaremos nuestro consumo -pero no de forma voluntaria por ecologismo, seguramente obligados por los precios y quizás por un menor crecimiento económico- mientras chinos, brasileños, indios etc. lo aumentarán. Difícil aventurar más y mucho menos adivinar el impacto ecológico de todo esto, más cuando una gran parte de la población se niega a ver los problemas que no le son inmediatos y cercanos, ¿Cómo si no entender la burbuja inmobiliaria en California cuando antes o después habrá un terremoto tan devastador que puede sumerja una gran parte del estado en el océano Pacífico?

Una de las características de la globalización es que todas las grandes economías mundiales están implicadas entre sí. Si por un pequeño país como Grecia se tambalea la Eurozona y tiembla el mundo, es fácil entender que si España no paga sus deudas puede provocar la ruina de Alemania, que si Europa cae, Japón va detrás pues somos un gran mercado para ellos, que si Japón se hunde no podrá comprar más bonos norteamericanos lo que llevará a éstos al impago y que si caen los EUA se hunde el mundo económico global, incluido China y su gran cartera de activos en $ y que todas estas correlaciones funcionan también en cualquier otro orden. En este gran mapa circular de fichas de dominó verticales ninguna pieza puede caer sin arrastrar a todas: hay que parar los temblores para que no haya un terremoto pero ¿es eso posible? Ahí soy optimista, aunque reconozco que falta coordinación y que existe demasiado nacionalismo en el mundo como para que las grandes potencias económicas acuerden soluciones globales, pienso que ante una catástrofe que pueda arrastrarnos a todos, por puro instinto de supervivencia esa ayuda internacional aparecerá. Pero me refiero a que la FED actuará si teme una crisis bancaria en China, o el BCE ante un posible default de la deuda japonesa, es decir, contra tormentas financieras. Crisis ocurrirán y desplomes bursátiles e impagos de deuda y el sistema financiero global, como se ha visto en esta gran recesión, podrá sobrevivir a esos terremotos siempre y cuando todos mantengamos la confianza en el dinero emitido por los bancos centrales. Y es que mientras mantengamos la fe en que un papel con un sello anti-falsificadores o que una anotación en cuenta tienen valor, esto puede funcionar aunque haya crisis financieras cíclicas. Creo es una lección que las arriesgadas políticas monetarias de los últimos años nos han enseñado a todos. Podría ser que el sistema financiero se sostuviera por sí mismo pero de poco nos va a servir sin la economía real.

Desde que se expandió la Revolución industrial no es la primera vez que parece que no va a ser posible acabar con el desempleo pero siempre han aparecido circunstancias que han dejado mal a los pesimistas. Resumiendo mucho: los agricultores que por culpa de los tractores perdieron sus trabajos se trasladaron al sector industrial, la mecanización llevó a que fuera el sector servicios el que tomara el relevo y en las últimas décadas la revolución de internet y de las comunicaciones creó nuevos empleos que antes no existían. Sin embargo esto no fue suficiente, hizo falta una burbuja inmobiliaria (algo tan "primitivo" como la construcción) para que algunos países se acercaran a unas tasas de paro por debajo de la media histórica ya que el sector inmobiliario genera mucha actividad económica indirecta. Por otra parte, Canadá anunció que antes de 2020 piensa acabar con el sistema de correos y por tanto los carteros desaparecerán víctimas del éxito de los e-mails por lo que los avances tecnológicos siguen destruyendo empleos.

No es difícil comprender que no es posible que consumamos más y más productos sin límite y que –aparte de la degradación ecológica- antes o después o nuestro poder adquisitivo nos frenará o nuestra limitación biológica –al fin y al cabo sólo vivimos un número limitado de años- nos impedirá adquirir todo lo que el mercado nos ofrece. Y sin embargo, la evolución tecnológica ha desafiado todo esto: hemos pasado de no necesitar un ordenador a tener un PC, un portátil y una tablet, de apenas utilizar las cabinas telefónicas a llevar un móvil encima que además tiene juegos y hace fotografías y videos; y todo esto en menos de dos décadas. Apple ha demostrado con su éxito reciente del iPhone y del iPad que el fin de todo esto no parece cercano, incluso a pesar de la crisis. De hecho, podemos deducir que mientras mejore económicamente la situación de más y más habitantes del planeta menos riesgos habrá para que este proceso de creación de productos/creación de necesidades se frene y por lo tanto más se retrasará la llegada de un crash planetario por exceso de oferta y falta de compradores. Esto se aplica a prácticamente todo lo que se puede comprar con dinero y si durante esta recesión se ha frenado mucho el consumo en sectores como la vivienda o el automóvil –y no en todos los países-, se ha debido a que su adquisición se ve frecuentemente ligada a la financiación, no a que se haya detenido la **rueda** que, de forma acelerada desde la Revolución Industrial, ha movido la economía.

Nuestro sistema económico basado en el crecimiento económico y el consumo necesita de la innovación pero no basta con que esa innovación sea en productos de consumo, hace falta más. Es evidente que en algunos aspectos recientes ha habido avances como el que ha llevado a los EUA a un aumento espectacular en la producción de combustible gracias al controvertido frácking pero da la sensación que se está perdiendo fuelle. A mí al menos me lo parece, me decepciona que no estemos colonizando el mar ni otros planetas ni hayamos encontrado una máquina –similar a un televisor, que podamos tener en casa- que mejore nuestra salud. Y no soy el único que lo piensa, en términos parecidos se ha expresado gente tan diversa como el empresario de Internet Peter Thiel, el legendario campeón de ajedrez Garry Kaspárov o el economista Robert Gordon. Ellos señalan que el motor tecnológico que ha impulsado a la Humanidad de una meseta económica a la siguiente durante los últimos 200 años no se aprecia en la actualidad. Simplificando, que Internet puede ser genial pero no está a la altura del agua corriente, la electrificación o el motor de combustión interna. El financiero Adair Turner lo explica así: "*El cambio tecnológico es la esencia del crecimiento económico. Las nuevas tecnologías exitosas siempre causan pérdidas de puestos de trabajo en algunos sectores, que son compensadas por nuevos puestos de trabajo en otros sectores. Por ejemplo, los tractores destruyeron millones de empleos agrícolas, pero los fabricantes de tractores, camiones y automóviles crearon millones de nuevos empleos. Sin embargo, las nuevas tecnologías vienen en formas sutilmente distintas, con consecuencias económicas que son intrínsecamente diferentes. Las nuevas tecnologías en la actualidad pueden tener efectos distributivos mucho más preocupantes que aquellas de la era electromecánica.*"

Los seres humanos tenemos una cualidad que parece es única en el mundo animal: una vez cubiertas nuestras necesidades básicas (comida, bebida, acomodo…) no nos conformamos. Algunas tribus primitivas aisladas han sido la excepción pero lo cierto es que la mayoría, al entrar en contacto con otros humanos, han acabado codiciando lo que los demás tienen. Eso no nos hace mejores ni peores, simplemente es como somos: los millones de chinos que sufrían hambre hace algunas décadas y ya no lo hacen no se instalan en la felicidad de estar alimentados, no se conforman y quieren más. El avance de las comunicaciones y la globalización ha llevado a que casi todos los humanos aspiren a vivir donde saben que se vive mejor, a tener los avances sociales y los objetos tecnológicos que saben que tienen otros. Resumiéndolo mucho: la mayoría de los 7 mil millones de habitantes del planeta quieren vivir como noruegos… y lo van a intentar. La postura optimista dice que, ya que la población ha crecido y aun así, el nivel de vida medio de la humanidad también, es lógico pensar que la evolución futura será similar. Según esta visión, las sociedades se auto-regulan, si antes era con las guerras, ahora según mejora la economía el crecimiento poblacional se reduce y todo esto, unido a los grandes avances científicos, proporcionará un futuro mejor aunque seamos más. Pero la actual crisis parece apuntar a lo contrario ya que hay algunos países –como España- que difícilmente estarán mejor en 2017 de cómo estaban en 2007, si bien también es probable que a nivel global esta recesión, aunque perjudique a Europa, no detenga la mejora en la calidad de vida de muchas más millones de personas en el mundo puesto que la economía mundial –y en especial la india y la china, los países más poblados- no deja de crecer.

Por desgracia, este sistema económico sin más mejoras tecnológicas sustanciales podría no ser suficiente para dar ocupación e ingresos (para consumir lo suficiente) a ese crecimiento demográfico. Yo no soy optimista puesto que necesitamos la ciencia para producir y progresar y creo que estamos sufriendo actualmente un estancamiento con tanta tecnología de la información. Concretando más: ¿Cómo crearemos empleos nuevos en número suficiente? ¿Y cómo los mantendremos con crisis cíclicas cada pocos años? Además, dependemos para la economía real de productos – combustibles fósiles- que se agotan y cuya extracción puede llegar a ser tan cara que sólo será accesible para unos pocos y de un ecosistema del que dependemos y que está en claro peligro. Ahí sí puede venir una crisis sistémica, de esos límites, al igual que de una revolución social, de un conflicto geopolítico grave (que puede ser más probable de lo que parece) o de una catástrofe ecológica.

De momento petróleo hay pero si la economía global vuelve a crecer como lo hacía antes de 2007 hay dificultades técnicas para poder producir mucho más de 90 millones de barriles al día – el consumo actual- sin unas inversiones multimillonarias que ya deberían haberse hecho y la actual fase de crudo barato puede ser contraproducente porque está desanimándolas. Estando cada vez más demandado, aunque aún tarde décadas en acabarse, el petróleo podría provocar una crisis sistémica global. Necesitaríamos una revolución tecnológica que aún no se ha producido.

La teoría del pico de Hubbert predice que la producción mundial de petróleo llegará a su cenit y después declinará tan rápido como creció, resaltando el hecho de que el factor limitador de la extracción de petróleo es la energía requerida y no su coste económico. Esto último significa que da igual que el barril valga 200$ ya que aún a ese precio puede no ser rentable, ¿Por qué? El motivo es que cuando empezaron las extracciones de petróleo a mediados del siglo XIX los inmensos campos petrolíferos aportaban unos 100 barriles –de crudo de alta calidad- por cada barril usado en la extracción, el transporte y el refino. Este ratio se denomina retorno de energía invertida y ha ido perdiendo eficiencia a lo largo del tiempo a medida que se explotan yacimientos cada vez más inaccesibles: actualmente se recuperan menos de 10 barriles de crudo por cada barril usado en el proceso. La razón de estos rendimientos decrecientes es que, a medida que se seca un pozo, el petróleo de otro resulta más difícil de extraer cada vez. Esa disminución seguirá hasta que, llegado un punto, por cada barril invertido en la extracción solo se obtenga otro barril. Por supuesto nadie sabe cuándo ocurrirá (y las predicciones realizadas hasta ahora han resultado erróneas tanto porque la capacidad de refino actual es cada vez mejor como por la aparición del frácking) ya que depende de los posibles descubrimientos de nuevas reservas, el aumento de eficiencia de los yacimientos actuales, extracción profunda o la explotación de nuevas formas de petróleo no convencionales (el citado frácking). El año exacto del pico no podrá determinarse hasta que ya haya sucedido.

Mi mayor preocupación estriba en que la única forma de no estropear el planeta es reduciendo el consumo desmesurado algo que sólo haremos si hay una crisis muy fuerte –económica, energética o ambas- pero difícilmente reduciremos el desgaste de nuestros recursos naturales si finalmente encontramos una solución al problema del fin del petróleo ya que el quid de la cuestión es que las sociedades no se han conformado nunca, fieles reflejos del espíritu humano de sus componentes. Jamás los humanos han decidido voluntariamente frenar su desarrollo, incluso luchando contra convencionalismos muy arraigados. Cuando la evolución científica ha ofrecido una nueva herramienta, la hemos acabado utilizando fuera "buena" o "mala" para el planeta o incluso para nosotros mismos (prueba de ello es el desarrollo de la tecnología armamentística). Evidentemente, si todos queremos más y partimos de lo mismo, sólo nos queda mejorar la productividad de lo que disponemos. Ese proceso ya se inició y ha ido desde reciclar la basura a la ingeniería genética (por ejemplo los polémicos transgénicos) pasando por el uso de mejores fertilizantes etc. pero como aseguran los partidarios del decrecimiento dichas mejoras acaban provocando un mayor consumo, por ejemplo lo que se ahorra con un motor de gasolina más eficiente se gasta porque se venden más coches... Quizás tenía razón Christian de Duve, bioquímico inglés Nóbel de medicina en el año 1974, cuando dijo: *"La selección natural acabará por destruirnos. Para que la selección natural nos pudiera ayudar a preservar nuestros recursos naturales, deberíamos haber desarrollado rasgos que nos permitieran sacrificar el presente por el bien del futuro. Hace falta sabiduría para sacrificar algo que supone una ventaja inmediata, a cambio de algo que será importante en el futuro, y la selección natural no hace eso. Solo "ve" lo que sucede en la actualidad. No se preocupa por tus nietos, o por los nietos de tus nietos."*

Riesgos energéticos y riesgos ecológicos podrían acabar con el actual sistema económico antes que las crisis financieras. Sin embargo, son éstas la principal preocupación de nuestros dirigentes económicos y políticos y aun así, tampoco propician una reforma que reduzca los riesgos. Por último, no quiero dejar de citar la posibilidad de un gran enfrentamiento mundial con la excusa de la religión. Detrás del fanatismo religioso hay muchos otros temas complejos (algunos relacionados con la situación económica como no podrías ser de otra manera) pero es muy complicado frenar a quien no le importa morir porque tiene fe ciega en una recompensa superior. La Guerra fría estuvo a punto de provocar la 3ª Guerra mundial si bien el miedo mutuo y la comunicación entre dirigentes "razonables" evitaron el desastre, no veo eso ahora.

9) España necesita cambios.-

Hace unas décadas el futuro que se imaginaba era muy diferente al actual: se esperaban muchos más avances de la carrera espacial pero nadie imaginó el poder de internet o la telefonía móvil. En lo social también ha cambiado mucho la actual realidad a lo profetizado, de una sociedad del ocio en el que todo el trabajo lo harían las máquinas hemos pasado a que nuestros gobiernos decidan que debemos trabajar más años para tener derecho a una pensión pública de cuantía cada vez más escasa. Francia por ejemplo, ha decidido elevar a 43 años el tiempo de cotización necesario para poder cobrar la pensión completa desde 2020 por lo que todo aquel que espere a empezar su vida laboral tras finalizar la universidad difícilmente se podrá jubilar antes de los 70 años si quiere cobrar lo máximo por todos los años que ha cotizado. España perderá 2,6 millones de habitantes en los próximos 10 años, casi el 6% de su población actual, según la proyección del INE luego supongo en España pasará algo parecido antes o después.

Cada generación desde la postguerra ha podido decirles a los más jóvenes que décadas atrás las cosas estaban mucho peor, que son unos quejicas. Y no sólo por los avances tecnológicos, también por los avances sociales (cobertura sanitaria, de desempleo…), mejora de los servicios públicos, mayores libertades… incluso el prestigio internacional español ha ido en ascenso casi ininterrumpidamente desde hace muchas décadas. Sin embargo, cada vez son más los expertos que dejan claro que diez años después de iniciada la crisis aún estaremos muy lejos de la situación mayoritaria que se disfrutaba a comienzos de este siglo en España. Así pues, es muy probable que haya una excepción histórica a todo este proceso: Sueldos más bajos (y con la desindexación al IPC de los salarios si sube la inflación, aún peor), más años de trabajo –si se encuentra empleo ya que tendremos durante años más del doble de la tasa de paro de la Eurozona- para una modesta pensión, peores servicios públicos y con pocas perspectivas de cambio puesto que el lastre de la enorme deuda pública creada desde 2008 afectará a las finanzas del país durante años. ¿Cuándo transformaremos España para que no tengamos que decirles a nuestros hijos que les hemos dejado una España peor?

En España una persona con poco más de 50 años ha tenido la oportunidad de vivir una crisis casi cada 15 años: la de finales de los ´70, la de 1993 y la iniciada en 2008. La primera se alargó muchos años y se mezclaron en ella muchos factores: inflaciones del 20%, inestabilidad política, atentados, mucha juventud cayendo en la droga, problemas sociales… la segunda personalmente la viví en una situación laboral buena pero fui consciente de su gravedad: el 25% de tasa de paro de 1993 era dramático y sin embargo duró poco y a partir de 1994 se mejoró a gran velocidad, tanto que en el 2000 la tasa de paro llegó al 10%. Ese 25% parecía algo irrepetible: empezamos el nuevo siglo y formábamos parte de la €zona, éramos AAA y si el paro no se reducía más era porque el país se llenaba de emigrantes al calor de nuestro gran crecimiento económico. Muchos españoles de 30 años nunca habían vivido una crisis hasta 2008 (porque la anterior la pasaron de niños) pero, probablemente, si llegan a viejos aún les quedarán por vivir varias más. La pregunta es obvia: ¿No hay alguna forma de evitarlo?

Con los enormes problemas que la crisis está generando en la sociedad española entiendo es difícil pensar en lo que ocurrirá en el futuro, más cuando lo natural del ser humano es pensar que todo irá mejor pero tras vivir el primer gran retroceso social en decenios –por muchas medidas aunque quizás la que lo ejemplifique mejor sea la reforma de las pensiones por la que para pretender obtener lo mismo deberemos trabajar mucho más tiempo- y comprobar que viene para quedarse, quizás debiéramos ser menos optimistas. El escritor José Saramago dijo *"Los únicos interesados en cambiar el mundo son los pesimistas, porque los optimistas están encantados con lo que hay"*

El aspecto demográfico es quizás lo que más ensombrece mi perspectiva sobre el futuro. El aumento de la población activa consiguió que tras la II Guerra Mundial en Occidente se vivieran unas décadas de prosperidad únicas, la reconstrucción tras la debacle y las diversas revoluciones tecnológicas cambiaron el paradigma llevando a que la mujer se incorporara masivamente al mundo laboral pero a la vez, provocó que su sueldo se fuera haciendo imprescindible en muchas familias para mantener el aumento del consumo. Las consecuencias las vemos todos: necesitamos mucho más para vivir de lo que necesitaban nuestros padres a nuestra edad y para eso necesitamos –generalmente- más de un salario en la unidad familiar. La conclusión de todo eso es que si queremos seguir manteniendo este chiringuito basado en un mayor consumo, el siguiente paso es trabajar más años… Hace unas décadas familias de 6 miembros podían vivir con el sueldo de 1, ahora familias de 3 o 4 necesitan 2 sueldos y además jubilarse más tarde.

Esto se podía haber evitado hace tiempo con más planificación pero ahora es tarde, no tiene muy buena pinta el futuro cuando en la actualidad no tenemos claro ni cómo mantener el "estado del bienestar" ni cómo pagar la deuda ni cómo crear empleo para obtener los ingresos necesarios. Por eso creo que, si no cambiamos el sistema, habrá quitas de deuda (las ha habido siempre, antes la mayoría se disfrazaban con devaluaciones), que habrá más recortes sociales y que la única forma de aumentar el empleo será, como de hecho ya está ocurriendo, con peores condiciones y menores salarios. E incluso creando empleo –que no será fácil sin un cambio de modelo económico y con el obstáculo del alargamiento de la edad de jubilación- dudo mucho que se compense al aumento de la población pasiva. Cuando salgamos de la actual crisis deberemos menos dinero individualmente pero más como grupo, nuestro salario neto se verá reducido, habrá menos personas en la familia con trabajo, pagaremos más impuestos -y a pesar de eso tendremos peores, menores y más costosos servicios públicos- y nada sustancial habrá cambiado en el sistema económico mundial para intentar evitar la siguiente recesión.

Es por eso que a corto plazo podemos salir de esta crisis (o acostumbrarnos a ella) pero temo que esta sociedad no puede seguir basándose en un crecimiento del PIB motivado por un mayor consumo pagado en gran medida gracias al crédito, es decir, trayendo beneficios del futuro. Esto para mantenerse necesita más consumidores porque son los que van a originar que haya nuevos puestos de trabajo, más cotizantes a la seguridad social y más ingresos vía impuestos pero si para crear esos empleos necesitamos que vuelva el crédito y que todos gastemos más, nos encontramos en una dinámica en la que por muchos años que trabajemos y por muchos componentes de la unidad familiar que se incorporen al mercado laboral, no podremos generar la riqueza suficiente: es un círculo vicioso. Y todo esto sin tener en cuenta ni el daño ecológico ni la continua necesidad de recursos que tanto consumo provoca.

Estos problemas son comunes a Occidente y para intentar solucionarlos en mi opinión necesitamos reformas globales. No obstante, eso no es óbice para que en este país podamos hacer las cosas mejor. Yo tengo algunas propuestas:

No fiarnos de la ética de nadie.- Cuando al dueño de una pequeña empresa un empleado le roba, lo primero que hace es despedirle e intentar recuperar el dinero. Pasa lo mismo en una multinacional, si se pilla a un directivo robando, los accionistas van a por él. Sin embargo, en el ámbito político no es así, resulta sorprendente que si se descubre que alguien ha robado dinero de todos los españoles, el que lo ha puesto en ese cargo no lo fulmine de su cargo al instante. Luego ya se verá el castigo penal, al fin y al cabo la justicia es muy lenta pero lo primero debería ser castigar al ladrón y recuperar lo perdido. En España eso no es lo habitual y no lo es porque los españoles no castigan electoralmente a los políticos que actúan así. El motivo no está claro pero puede tenga que ver con la escala de valores que manejamos: no podemos castigar a los demás por hacer cosas que nosotros haríamos en su lugar. Por eso es tan importante que existan controles: nada protege más contra una tentación que evitar que la tentación sea posible. Eso se consigue con normas menos flexibles, trasparencia total y castigos.

Reducir impuestos- Publio Virgilio Marón, el autor de La Eneida hace 2100 años, organizó un enterramiento por todo lo alto para una mosca a la que denominó su mascota y aunque a muchos les pareció una excentricidad consiguió que cuando llegó el momento en el que el gobierno iba a expropiar tierras para donárselas a los soldados licenciados, no pudieran hacerlo con la suya ya que "los terrenos que albergaran tumbas o enterramientos, fueran estos de la naturaleza que fueran, estarían libres de ser confiscados". Como vemos no es nuevo intentar eludir por todos los medios los compromisos con el estado, mucho más reciente fue una campaña publicitaria de Morgan Stanley que presumía de tener los mejores asesores para sus clientes también en fiscalidad y que decía *"Usted debe pagar impuestos. Pero no hay ley que diga que hay que dejar propina."* Tuvo éxito porque la mayoría queremos pagar lo menos posible aunque estamos convencidos que los demás deben pagar más, especialmente los ricos (siempre y cuando nosotros no lo seamos). Según una encuesta del CIS los españoles contestan a la pregunta *"¿diría Ud. que, en conjunto, la sociedad se beneficia mucho de lo que pagamos en impuestos?"* así: 5% Mucho, 27% Bastante, Poco 66%, Nada 11% y a la de *"¿diría Ud. que el Estado le da más de lo que paga, igual, o menos de lo que paga?"* así: Más de lo que paga 6%, Igual 25%, menos 65%. En resumen, la mayoría cree que paga demasiado y que recibe poco (y por tanto que los demás pagan menos de lo que deberían).

Antes de nada, un inciso: tenemos muchas ideas erróneas y muchos prejuicios sobre los ricos, por ejemplo creemos que el que alguien tenga mucho implica que nosotros tenemos menos y es justo al contrario. Una persona con 10 millones de € genera unos impuestos, un consumo e, indirectamente, unos empleos, que no generan 10 millones de personas con 1 €. Los ricos nos provocan envidia pero son beneficiosos para la sociedad. Sí, es injusto que algunos tengan más medios para triunfar en la vida desde la cuna; yo que vengo de una familia obrera lo sé muy bien, tuve que ponerme a trabajar en vacaciones desde muy joven mientras otros se pasaban los veranos en Inglaterra aprendiendo a hablar un inglés perfecto, ya en COU tuve que pasarme a nocturno porque ya tenía un trabajo mientras otros muchos acababan la carrera (que yo estudié por la UNED), seguían con masters y no tenían que preocuparse por ingresar dinero porque sus padres tenían de sobra… pero ¿es culpa de ellos? y ¿No es acaso injusto que nos toque la lotería cuando millones juegan y aun así deseamos ser los afortunados? y ¿No es de hecho injusto que tengamos la ventaja de haber nacido en España en lugar de en Sudán? Si yo no me tengo que sentir culpable por nacer en Europa, no sé por qué la hija de Amancio Ortega tendría que hacerlo por ser su padre quien es. Lo que importa es que la riqueza de esa mujer no me hace a mí –ni a nadie- más pobre sino al revés. El dinero es el principal incentivo por el que la mayoría madruga por las mañanas, no debería estar mal visto querer tenerlo ya que es bueno, sobre todo porque no tenerlo es malo, pero lo está. Y eso que curiosamente la mayoría de los ídolos más populares y queridos son millonarios porque nosotros así lo queremos.

Es cierto que Messi o Julio Iglesias pueden tener una gran habilidad pero también la tiene un jugador de la selección española de waterpolo o alguien que canta en el coro del Teatro Real, nadie me puede demostrar que tenga más mérito ser portero de fútbol que de balonmano pero el gran público decide cual profesión se traduce en un mejor salario ya que primamos el espectáculo que más nos gusta. En el fondo no hay ninguna diferencia respecto a financieros, ejecutivos y empresarios que triunfan: lo hacen porque consiguen vender sus productos al gran público en competencia con otros que no lo consiguen. Algunos trabajan para ello toda su vida y durante muchas horas al día pero están peor vistos por la población que un joven que bota un balón, es contratado en la NBA y en unos pocos años amasa una gran fortuna que le permite no hacer nada más el resto de su existencia. Cuando leo críticas contra los que quieren más y más dinero, jamás entran en ellas futbolistas que cambian de equipo para ganar más, ¿qué diferencia hay con el fondo denominado "buitre" que compra lo que nadie más quiere buscando un mayor beneficio? La motivación es la misma. Todos queremos más dinero, es hipócrita no reconocerlo cuando nos pasamos la vida jugando a juegos de azar y cuando muy pocos seguiríamos trabajando si no nos abonaran un salario (por desgracia son pocos los afortunados que trabajan por vocación y además no necesitan ingresos).

El dinero es necesario y a pesar de su mala fama no es más que la materialización del antiguo trueque: conseguir algo a cambio de otra cosa (en estos tiempos, generalmente horas de trabajo a cambio de una trasferencia mensual) y soy el primero que no entiende por qué hay gente que tiene muchos millones pero no se relaja y sigue esforzándose por tener más. Yo no soy así, creo el dinero compra tiempo libre y si renunciamos al tiempo libre por conseguir dinero entonces pierde su sentido pero a la vez reconozco que gracias a esa "avaricia" ha avanzado más el mundo que no sería el mismo si Henry Ford o Bill Gates se hubieran conformado con su primer millón. Y en el fondo no debemos encontrar eso tan malo porque ¿Acaso creéis que Nadal, uno de los personajes públicos más queridos en España, anuncia un coche porque le gusta? No, lo anuncia porque le pagan, porque, a pesar de ser ya millonario, prefiere tener más.

Dejando ya el tema de los prejuicios hacia los ricos, hay muchas cosas que los ciudadanos pueden hacer en beneficio de la sociedad y que no cuestan dinero. Se puede dedicar un día a ayudar en un comedor social, se puede donar sangre cada 3 meses (y además obtener un básico análisis de sangre que puede detectar si hay algún problema), se puede dejar por escrito que al fallecer usen nuestros órganos para su estudio médico o para trasplantes… pero pocos entenderían que se nos obligara a ello. Sin embargo, la mayor parte del mundo occidental entiende que se deben pagar impuestos por el bien del conjunto hasta el punto que por ejemplo la

UE reconoce que la tasa real impositiva (sumando IVA e IRPF) en nuestra unión económica es del 44.89% lo que supone que trabajamos de media 5 meses al año exclusivamente para poder pagar los impuestos. Parece indudable que si queremos carreteras, policía, bomberos etc. de acceso universal y "gratuito" hacen falta ingresos. ¿Pero cuánto hay que pagar? Porque los gobernantes no paran de subir e inventar impuestos y a pesar de eso, gastan más de lo que ingresan y generan deudas y no es sólo por la crisis, el déficit y la deuda es lo normal en nuestra historia. Cualquier familia ajusta sus gastos a sus ingresos pero los políticos no y para poderlo sostener esto lo que hacen es emitir deuda y cuando ésta es insostenible, suben impuestos. No son buenos en su principal misión: gestionar el dinero que les damos (o más bien que nos toman). Hay 3 clases principales de impuestos a las personas (a los que añadir sucesiones, patrimonio e impuestos especiales como los del tabaco, bebida, gasolinas…): <u>IRPF</u>. Con él se rompe el principio de igualdad puesto que paga más porcentaje quien más gana, lo que se llama progresividad. Tiene un componente solidario. <u>IVA</u>. Otro impuesto bastante reciente que afecta a todos pero especialmente a quien más consume. No ha parado de subir desde su inicio. <u>Tasas</u>. El impuesto más teóricamente justo puesto que lo paga quien utiliza un servicio concreto pero que es una trampa recaudatoria ya que si acabamos pagando porque nos recojan la basura, por usar un aeropuerto o por una receta entonces, ¿Dónde queda la justificación de los impuestos generales que en teoría son para pagar todo eso? Por otra parte, es muy peligroso el aumento de tasas porque nunca se retiran y son un recurso fácil: ¿las pondrán a las estaciones de tren, al uso de puentes, al aire que respiramos? Y para colmo no sólo las establece la administración central, también autonomías y municipios.

Yo tengo dos opiniones sobre los impuestos que sé que no son mayoritarias: Una es que por muy popular que sea el impuesto sobre el patrimonio, es el más injusto de todos ya que se castiga a alguien que ahorra o que invierte en patrimonio y que ha generado ese dinero por una actividad económica previa por la que ya pagó impuestos. Castigar fiscalmente al que posee por el simple hecho de poseer es, además, toda una invitación para la fuga de capitales. La otra es que estoy de acuerdo en que hay que luchar contra el fraude pero éste no es el culpable de la crisis y una mejor lucha contra él mejoraría las cosas pero no acabaría con ella: Es mentira que si todo el dinero sumergido aflorara se obtendrían 80 mil millones de € como he llegado a leer. Primero porque hay mucha actividad económica que existe únicamente porque es rentable de esa forma ya que si pagara impuestos, seguros, seguridad social etc. no existiría y segundo porque en todos los países hay un porcentaje de dinero negro, no es realista pensar en que esa cifra sea cero. Pero ojalá se aprovechara más el avance informático para cruzar más datos y reducir al mínimo el fraude, por supuesto.

En todo este complejo tema en el que se mezcla el difícil equilibrio entre la defensa de lo propio y la solidaridad pero también el afán por ser justos, normalmente el que menos gana –que es la mayoría- aplaude que haya más impuestos a los ricos pero no es tan fácil. Pongamos un ejemplo: Un neurocirujano que tras años de estudio y una gran habilidad consigue encadenar varios años de ingresos salariales en torno a los 200 mil euros por los que suele pagar en torno a un 40% de impuestos. El año pasado decidió invertir gran parte de sus ahorros en comprar unas acciones de bolsa en primavera que vendió en otoño. Eso va a provocar que supere los 300 mil € de ingresos lo que se traduce en un 52% de impuestos que en realidad son del 57% porque él está empadronado en Sevilla y esa comunidad autónoma tiene unos impuestos especiales "a las grandes fortunas". Además, como vive de alquiler y es austero dispone de más de 700 mil € ahorrados lo que le lleva a cumplir con el impuesto sobre el patrimonio. Para pagar menos impuestos nuestro neurocirujano puede optar por el método legal: reducir el número de sus pacientes por ejemplo lo que supone una menor actividad económica (suele ser la consecuencia de elevar en exceso los impuestos), emigrar a otro país o montar una sociedad pero siempre queda la tentación de ingresar su dinero en la cercana Gibraltar o el de no declarar las consultas... *"Al fin y al cabo, con mi dinero están financiando un sistema corrupto en el que los más beneficiados son los políticos, los que en general trabajan menos y muy mal ya que no saben ni gestionar"* podría auto-justificarse si piensa como la mayoría según la encuesta del CIS que antes cité. Sinceramente, ¿qué haríamos en su caso? No hace mucho salió una encuesta en la que el 42% de los jóvenes españoles justificaba la evasión de impuestos.

Aparte de creer que los ricos deben pagar muchos impuestos, la otra obsesión es que paguen mucho las empresas. Es curioso porque cuando hacemos el IRPF si estamos casados miramos si interesa más hacer la declaración conjunta o separada para pagar menos, miramos si nos podemos desgravar alguna cosa, estudiamos las bonificaciones por comunidad autónoma, incluso algunos lo prevén con tiempo y contratan planes de pensiones o se compraban una casa teniendo en cuenta el impacto fiscal favorable... y a todo el mundo eso le parece bien. Sin embargo, si una empresa –o su contable, al que le pagan para eso- busca subvenciones, desgravaciones y, en general, pagar menos impuestos, se le acusa de insolidaria cuando lo único que hace es lo que hacemos todos: usar las normas legales a su favor. Y si no lo hace y la de la competencia sí evidentemente tendrá menos recursos para invertir o contratar empleados nuevos volviéndose menos competitiva. El culpable no es la empresa que pudiendo pagar más prefiere pagar menos, faltaría más, sino los políticos que son los que a nivel nacional e internacional –y a veces entre territorios de un mismo país- no se ponen de acuerdo para evitar lo que pasa actualmente: que cuanto más grande es una empresa más facilidades tiene para pagar menos impuestos. Si la mayoría de nosotros haríamos lo que esté en nuestra mano de forma legal para pagar menos ¿Cómo no entender que las empresas, entes cuya principal misión es ganar dinero para sus dueños, hagan lo mismo?

Queda claro que la mejor solución para asegurarnos del cobro de los impuestos a las grandes compañías es con una reglas que dificulten las argucias legales para reducir la factura fiscal y persiguiendo cualquier maniobra que sea ilegal. Lo segundo es difícil pero factible, y debería ser el objetivo número uno del fisco en lugar de perseguir tanto a los "peces chicos" pero lo primero es casi imposible salvo con una cooperación internacional sin fisuras y eso ni ocurre ni se espera que ocurra (uno de los países más afectados por esto son los EUA y a pesar de su poderío no han podido resolverlo). Cada país es libre de aplicar la política fiscal que le apetezca y eso ocurre incluso dentro de la Eurozona por lo que una gran empresa siempre tenderá a buscar su domicilio en aquel lugar que le ayude a pagar menos. En España no debería sorprendernos cuando, incluso contra la oposición de Europa, hemos establecido condiciones más favorables en alguna comunidad autónoma. Entonces, ¿qué hacer? Creo que sólo quedan 3 opciones:

1) Una norma mundial que establezca una misma fiscalidad obligatoria en todos los territorios planetarios, lo que de hecho no ocurre ni dentro de algunos países (incluido el nuestro).
2) Confiar en que los consumidores den la espalda a los productos fabricados y comercializados

por empresas que hacen lo posible para pagar menos impuestos aunque sea de forma legal. 3) Copiar los métodos de algunos territorios famosos por atraer inversiones extranjeras gracias a sus condiciones fiscales ventajosas como hace Irlanda dentro de la Eurozona o la Isla de Man dentro de la UE y no por ello son expulsados ni ninguneados por ello.

Siendo realistas, lo primero es una utopía porque no sólo falta voluntad política para hacerlo, es que aunque la hubiera, si no hemos conseguido evitar que en determinados países se denigre a la mujer o no haya libertad de expresión, ¿cómo vamos a pretender imponerles la política fiscal? Cada país pone los impuestos que quiere. Lo segundo sería una hipocresía ya que, como he comentado antes, la mayoría intentamos pagar menos al fisco y no podemos castigar a los demás por hacer lo mismo pero sería ideal y creo sería una gran campaña publicitaria para una compañía de servicios anunciarse como la que paga todos sus impuestos en España y no tiene sociedades interpuestas pero poco más, no es realista que el consumidor sepa qué trucos fiscales utiliza cada empresa y lo valore cada vez que tenga que realizar una elección. Y por exclusión, sólo queda acercarse al punto 3, al *"si no puedes vencer a tu enemigo, únete a él"*.

A día de hoy lo mejor que puede hacer España es bajar impuestos –a personas y empresas- de forma espectacular para fomentar el consumo nacional a la vez que atraemos el capital –incluso el español que está en el exterior- que hoy se está yendo a otros países. No digo que nos convirtamos en un paraíso fiscal sino en un lugar con una fiscalidad competitiva: hay que dejar de tratar de competir internacionalmente bajando salarios. Se está haciendo lo contrario y estamos viendo las consecuencias: cuanto más se suben los impuestos más crece la economía sumergida entre las clases más bajas y hay más fuga de capitales entre las más altas y en cuanto a las empresas, más quiebras en las pymes y más deslocalización de las más grandes. No sólo no se está impidiendo el uso de la ingeniería fiscal, es que se está promoviendo con las subidas impositivas además de estar alejando la inversión fuera de España, incluso de nuestras propias multinacionales. Tampoco tenemos la fuerza política para presionar por una unidad fiscal en la €zona o para evitar que haya territorios pertenecientes a países de la UE que sean tapaderas tanto para lavar el dinero B como para que pague menos impuestos el dinero A. Debemos ser inteligentes y ser realistas: cuanto más nos acerquemos a ser un infierno fiscal más aumentaremos el interés del capital en largarse a un paraíso fiscal. Y eso también funciona al revés. Ya lo dijo John F. Kennedy en 1963: *"Un recorte de impuestos significa un mayor ingreso familiar y el aumento de los beneficios de las empresas y un presupuesto federal equilibrado. Todo contribuyente y su familia tendrán más dinero para un coche nuevo, una casa nueva, nuevas comodidades, educación e inversión. Cada empresario puede mantener un mayor porcentaje de sus ganancias en su caja registradora o ponerlas a trabajar ampliando o mejorando su negocio, y en la medida en que el ingreso nacional crece, el gobierno federal terminará con más ingresos."*

Mayor libertad comercial y del consumidor.- A mí me gusta la llamada ley de la oferta y la demanda para regular los precios: si algo se demanda mucho, sube y si no recibe el apoyo del consumidor, baja. El cumplimiento de esa ley también provoca que los negocios triunfen y fracasen y su incumplimiento lleva a que existan empresas zombis que, sin el favor del público, siguen abiertas. Apple gana mucho dinero porque disfruta de unos márgenes muy amplios al tener el favor del público mientras otras empresas reduciendo costes y rebajando el precio de venta al por menor no consiguen obtener tanto beneficio con cada transacción. Es por eso que muchos creen que la ley de la oferta y la demanda es injusta pero no lo es ya que al fin y al cabo el que decide es el consumidor. Las revoluciones tecnológicas ayudan a acabar con esa desigualdad entre la empresa ya establecida y las nuevas y creando nuevas necesidades –por ejemplo, un buscador de Internet- es fácil llegar a la cúspide como hizo Yahoo pero también es más sencillo mejorar el producto y conseguir un nuevo liderazgo en pocos años como hizo Google. Las star-ups son el ejemplo perfecto: poca inversión y mucho talento consiguen crear empresas con un valor de millones de dólares generando una demanda donde no existía. Incluso en negocios tradicionales funciona esa fórmula: Red Bull ha llegado a ser una competencia directa a las clásicas bebidas de refrescos gracias a ofrecer un producto distinto. Todo esto se ha conseguido porque lo ofrecido ha gustado al consumidor.

Lo contrario de todo esto son los monopolios (el consumidor no tiene opción de elegir) y la economía centralizada por el estado cuyos gestores políticos deciden dónde se invierte según su criterio y no el de los consumidores. Yo no tengo duda respecto a qué es lo mejor: es preferible que haya varias "telefónicas" que una sola, varías "Iberias" a una sola, varias empresas de mensajería que una sola… y que sea la libertad de elegir productos y servicios la que determine el éxito o el fracaso de un negocio y no que se gaste dinero de todos en mantener empresas públicas que no tienen el apoyo del público como por ejemplo Paradores Nacionales. Sin embargo, quizás por nuestro pasado franquista en España sigue habiendo mucho apoyo a monopolios y a la intervención del estado en facetas de la economía que deberían ser exclusivas del consumidor y muchas veces además se cae en contradicciones. ¿Qué problema hay en que haya diversas compañías de servicios ferroviarios pagando su licencia como las hay de autocares, cómo es posible que cada banco pueda ofrecernos los intereses que quiera pero tiene que haber una tarifa única de taxi en cada ciudad, por qué hay muchos casinos y bingos pero sigue habiendo un cuasi monopolio en lotería, loto, quinielas etc.? ¿Y por qué las tiendas no pueden tener el horario que quieran?

Tenemos un sistema económico que se queda a medio camino entre dar el poder de elección a la gente para que se gaste su dinero en lo que quiera cuando quiera y la imposición de unas normas desde la autoridad que claramente coartan esa libertad. Y a eso además hay que sumar la política de subvenciones por la que el dinero de todos se gasta en promocionar productos que sólo usan algunos. Y no me refiero a un servicio público como puede ser el transporte urbano sino por ejemplo la compra de un coche, la realización de una comedia con interés cultural cero o un programa de corazón que emite una de nuestras muchas cadenas públicas. Todo eso hay que cambiarlo.

Reducir la obsesión por aumentar los créditos.- Cuando la crisis **se** hizo notar en 2008 (empezó el año anterior pero algunos no lo reconocieron) una de las reivindicaciones que más se leían en los foros y tertulias es que la culpa era de los bancos por prestar sin ton ni son. No les faltaba razón y no porque concedieran muchas hipotecas –que también- sino sobre todo por los enormes créditos a promotoras, empresas de construcción, inmobiliarias y chiringuitos empresariales varios. Sin embargo, en la actualidad hay un clamor popular y en los medios en culpar a los bancos de no dar crédito. Y es curioso porque si la mayoría estamos de acuerdo que el sistema financiero se equivocó en 2007 a pesar de estar entonces supuestamente bien capitalizado, de invertir en un país cuya burbuja inmobiliaria era negada, con una deuda pública que era menos de la mitad de la actual, superávit presupuestario, alto crecimiento, previsiones favorables avaladas por el FMI y un paro en mínimos (8.5%), ¿Cómo es posible que se considere medianamente razonable que en la actualidad concedan créditos con un país con unos datos macro dramáticamente peores y una morosidad del sistema financiero por encima del 10%? Yo veo claramente que hay una contradicción en por un lado echar la culpa a los bancos por arriesgar mucho en el pasado y exigir que ahora asuman un riesgo mucho mayor porque ellos están peor y la situación económica también.

Sobre este tema es triste ver a Rajoy -y antes a ZP- exigir que sea la UE o el BCE quien preste a nuestras pymes que es algo así como querer que otros países asuman el riesgo que la banca nacional no quiere asumir. Y no me parece mal que lo pidan pero ¿para qué está el ICO, por qué no utilizar la actual banca pública española –Bankia- para ello? Evidentemente porque también lo ven arriesgado. Las hemerotecas son jueces para los mentirosos: en febrero de 2012 De Guindos defendía su primera reforma financiera (que por culpa de Bankia hubo de remendar pocos meses después y volvió a utilizar el mismo argumento) porque así "se reactivaría el crédito y la economía" algo que también repitió cuando justificó el nacimiento del Banco Malo (la Sareb). No es cierto que haya pasado eso y el mantra es echar las culpas de la falta de crédito al BCE –organismo que nos ha salvado del rescate completo varias veces- y a la UE -que nos concedió unas condiciones financieras fabulosas por el rescate bancario. En 2008 España aprobó –y llevó a cabo- un programa por el que el Tesoro se financiaba en los mercados y con ese capital compraba activos a la banca -y a Rajoy, jefe de la oposición entonces, le pareció bien-, si tan preocupados están por las pymes, ¿Por qué no hacen lo mismo que ya hicieron para ayudar a los bancos en lugar de exigir que lo hagan los demás? Pero claro, quedan muy bien los dirigentes de PPPSOE -culpables de que el país esté hecho unos zorros- echando las culpas a Europa de no apoyar a las pymes españolas cuando son ellos, con el mal funcionamiento del ICO, las subidas de impuestos y la morosidad de las AA.PP. los que más daño han hecho a este colectivo, el mejor para crear empleo por cierto. Y es que parece que el principal interés de los dirigentes mundiales –no sólo aquí- es que la banca dedique su liquidez a comprar la inmensa bola de deuda pública, que no para de **crecer,** en lugar de aumentar el crédito.

En cualquier caso, ¿es bueno que renazca el crédito? Con el actual sistema económico por supuesto, es indispensable pero debe ser más exigente por lo que, a pesar de las críticas, es ahora cuando creo que los bancos cumplen correctamente con su cometido de no arriesgar demasiado exigiendo más garantías o, en el caso de las hipotecas, no concediendo el 100% del valor de tasación. Es cierto que los tipos de interés que aplican son últimamente muy caros y estoy de acuerdo que deben ser rebajados pero es algo que no sólo tiene que ver con la codicia del banquero, también con 3 motivos: Uno, la necesidad de recuperar las enormes pérdidas generadas por una alta morosidad que tardará años en reducirse, al fin y al cabo el negocio bancario básico consiste en tomar dinero y prestarlo con un margen, en el momento que aumenta tanto la mora o dejan de dar crédito o suben los márgenes o ambas cosas. Dos, la ausencia de un mercado interbancario eurozonero como el que existía antes de la crisis: hasta 2008 si un banco español necesitaba liquidez sabía que la podía conseguir a buen precio de otra entidad financiera, aunque fuera austríaca; como eso ya no pasa, la facilidad para prestar del banco español hacia sus clientes también ha menguado debido a ello. Y tres, la ya citada competencia de la deuda y el enorme beneficio que supone invertir en ella -ya que puede ser utilizada como aval ante BCE para conseguir financiación con un considerable "carry trade"- llevan a que el negocio tradicional bancario resulte menos atractivo tanto por rentabilidad como por seguridad. La solución a este último obstáculo sólo vendrá con una reducción global de las emisiones de deuda pública o con otras normas de BCE, el interbancario sólo renacerá si se restablece la confianza entre los bancos algo que tampoco pasará en el corto plazo ya que también tiene que ver con los miedos a una posible salida de un miembro de la Eurozona; así pues, sólo la bajada de la tasa de mora es algo factible desde el punto de vista español y ocurrirá si la economía mejora… o si aumenta el crédito ya que al ser un porcentaje sobre el total, si prestan más dinero la tasa se reducirá (aunque eso no recortaría el volumen de impagados, claro). En resumen, hay que ser realistas y acostumbrar a nuestra economía a vivir con menos crédito.

Actividades que deberían legalizarse.- Con esto de la TDT y la necesidad de tantas cadenas de emitir durante 24 horas no sólo repiten muchos programas, también compran producciones extranjeras realmente curiosas. Descubrí una titulada "Control de Aduanas", un documental australiano que muestra el trabajo de los agentes de aduanas, desde la detención de ilegales – tanto de personas que trabajan en el país como pesqueros malayos que entran dentro de los límites fronterizos- a la detección de productos prohibidos que se transportan tanto por correo como usando a los viajeros aeroportuarios. A veces algún turista lleva un pasaporte falso o un visado engañoso, otras intenta introducir un arma o comida que se considerada un peligro biológico pero la mayor parte de los casos están relacionados con las drogas. Droga que viaja en imaginativos compartimentos secretos de la vestimenta, del equipaje y hasta en el interior del viajero así como oculta en cuadros, lámparas, botones y todo tipo de objetos. El caso es que tras pillar al infractor, el programa –supongo que por afán didáctico- cuenta cómo el que ha intentado traer drogas a Australia acaba pasando unos cuantos años en la cárcel. No sé el tiempo que tardan en filmar cada episodio pero da la sensación que muchos presos de Australia –la mayoría de los extranjeros- lo son por este tema. Y no tengo cifras exactas pero no dudo que en todo el mundo los casos serán millones. Millones de personas que pierden su libertad y millones de $ que se gastan en mantener en prisión a unas personas que sí, han hecho algo ilegal, pero que –al contrario que un ladrón o un asesino- no suponen, en principio, un ataque hacia la integridad física o económica de la ciudadanía. Y es que hay muchos productos que pueden hacer mucho daño –los coches por ejemplo- pero al final **es** un tema de elección personal, los traficantes no obligan a nadie a consumir. Igual pasa con la prostitución: todos sabemos dónde está pero eso no significa que todos usemos sus servicios**.**

Yo he conocido en directo lo peor de la droga puesto que viví más de 20 años –y asistí al colegio y al instituto público- en una barriada –San Blas- cuando era uno de las zonas de Madrid donde más se consumía y traficaba. De hecho, esa experiencia me hizo asociar drogadicción y marginalidad. Quizás fuera así en los ´80 pero cuando empecé a trabajar y moverme en ambientes "de pasta" con colegas de otra extracción social me di cuenta que no es tan simple. Era habitual que muchos de mis compañeros se tomaran casi a diario 5 o 6 gin-tonics y luego se fueran a casa conduciendo y de hecho, con el tiempo me di cuenta que el alcoholismo dentro de los "ejecutivos" era algo muy típico. Poco tardé en descubrir también el afán por la cocaína de muchos profesionales del mundo financiero a comienzos de los ´90. Gente joven que de repente ganaba mucho dinero asociaba la calidad de vida con el "*putas y coca a tutiplén*". Recuerdo en mi inocencia que recibí una invitación a una *fiesta blanca* que yo rechacé diciendo que no esquiaba… Por los ambientes en los que me he movido podría haber sido un drogadicto pero no fue así y eso que yo, que soy una persona curiosa y de joven mucho más, algo he probado. Puede que fuera por suerte que no me volviera adicto pero está claro que no fue porque no fueran accesibles a pesar de su ilegalidad, fue por mi decisión personal ¿Por qué dar por hecho que si es legal se va a enganchar más gente si ya son accesibles? Está más que contrastado el fracaso de la política represiva contra la adicción. Es más, probablemente sería más difícil de conseguir el producto si fuera regulado puesto que todos suponemos –más o menos- dónde podríamos adquirir drogas ilegales y sin embargo yo ignoro cómo conseguir medicinas legales si requieren una receta de la que no dispongo.

Y vamos al tema económico: el dinero que mueve la droga y la prostitución no va a desaparecer por más control policial que pongamos y debemos aprender de la experiencia de tantos y tantos años sobre ello. Pero podemos conseguir que cambie de manos: legalizar todas las drogas supondría un beneficio enorme para el fisco, similar al de sustancias nocivas similares como el alcohol y el tabaco y lo mismo vale para la regulación de la prostitución. Desde un punto de vista de salud pública, también es mucho mejor un control de calidad "farmacológico" de los productos -¿acaso no se hace ya con el reparto gratuito de metadona a los enganchados a la heroína?- y del buen estado "sanitario" de las mujeres que voluntariamente deciden alquilar su cuerpo. Y a esos beneficios hay que sumar una fuerte reducción de procesos legales (lo que agilizaría la justicia) y del número de presos lo que supondría un ahorro de costes –tanto para el sector penitenciario como para el de la seguridad policial y fronteriza- pero también una medida social, especialmente para acabar con el tráfico de mujeres. Siempre habrá –como pasa con las armas- algo de comercio ilegal y de mercado negro de drogas y prostitución pero sería mucho menor. En los EUA la Ley seca se derogó en 1933 tras 13 años de represión y los principales y más violentos delitos –como pasa hoy en día con las drogas ilegales- estuvieron en ese tiempo relacionados con la fabricación y el tráfico de licores. A día de hoy es anecdótico encontrar alguna destilería clandestina.

Y es que, al fin y al cabo, la droga está ahí, el que quiere encontrarla la encuentra –al igual que pasa con la prostitución- pero repito, consumir es una decisión personal. Si alguien es lo bastante adulto como para tener un permiso que le permite conducir una máquina que puede matar –como un coche-, adquirir productos que le pueden provocar cáncer como el tabaco o entrar a una barra americana donde puede emborracharse o acostarse con una mujer que lo mismo está trabajando allí forzada ¿con qué argumento le vamos a negar que pueda fumarse un porro o meterse una raya de coca? Precisamente lo que hay que conseguir es que el consumidor no pueda abusar de su consumo regulando su venta, mejorar el producto para que no esté cortado con mata-ratas -y así se reduzca su efecto nocivo ya que muchas veces el peligro para la salud está más en el "relleno" que en la propia droga- y que no haga millonario a un delincuente sino que genere beneficios a la sociedad por la vía fiscal. Y si alguien tiene reparos, para eso tenemos la crisis: ¿no le sirve a los gobiernos de excusa para recortes sociales y subidas de impuestos? Pues qué mejor medida que una que supone un avance social, menores gastos y mayores ingresos…

Acabar con el excesivo mimo a la banca.- Por la nueva Ley Concursal aprobada por el gobierno en 2014 si una empresa es operativa aunque tenga muchas deudas puede seguir viva artificialmente si así lo quieren los deudores que de esta forma se convierten en los árbitros pudiendo convertir deuda en capital o aceptar quitas que, eso sí, jamás afectarían a las deudas que se tengan con la Seguridad Social y Hacienda. Esta es una de las numerosas medidas que los políticos de este país han elaborado para favorecer a los bancos. Otra pueden ser los activos fiscales diferidos que consisten en apuntar en el balance de una entidad como activo el dinero ahorrado en impuestos por los activos en pérdidas aunque ese ahorro no se produce realmente hasta que la entidad vuelve a tener beneficios netos con los que compensarlas; es decir, es como si nosotros nos apuntamos unas pérdidas que hemos realizado en bolsa como algo positivo ya que en el futuro lo podremos compensar cuando hagamos otra operación en la que ganemos. Así es la magia contable ¿Por qué es un tema importante? Porque genera un mejor balance a entidades financieras que tienen activos en pérdidas.

Y así muchas, ya hemos citado algunas de ellas al narrar la crisis: claro que los banqueros son culpables de muchas cosas (y los grandes ejecutivos de muchas empresas diversas) pero no erremos el tiro: el primer fallo está en el bajísimo coeficiente de caja –decidido por los políticos– que convierten a los bancos en posibles armas de destrucción masiva, la mala labor supervisora del banco central de turno (un cargo político), la pésima labor legisladora de los Parlamentos que no han frenado los enormes privilegios de la banca, la inutilidad de los ministros de economía que se han visto desbordados y han aceptado el chantaje de salvar a la banca a costa de lo que sea y, más concretamente en España, recordemos la utilización política de las cajas de ahorros. Este es un problema global y como tal hablaré de ello después pero España puede hacer mucho para evitar una nueva crisis financiera mejorando –y despolitizando– la labor supervisora de Banco de España, además de fomentar normas que impidan nuevas burbujas obligando a las entidades a diversificar sus inversiones.

Reformar las pensiones públicas.- Este tema merece hacer un poco de historia. Las pensiones públicas nacen de 2 ideas: los seguros y la Seguridad Social. 2 ministros de la iglesia escocesa (calvinistas) fueron los inventores de los seguros en 1744; lamentaban tanto la suerte económica de las viudas y huérfanos de los clérigos que dieron con una solución: En vida darían un dinero para un fondo que invertiría para que, tras la muerte, hubiera dinero que destinar a los vivos. La clave estuvo en el correcto cálculo de cuánto dinero sería necesario para las contingencias, y ahí radicó su éxito. De hecho, sus fórmulas no difieren mucho de las actuales, basadas en probabilidades y estadísticas, y que llevan a que las compañías de seguros sepan cuanta prima deben pagar sus asegurados para afrontar todos los imprevistos y aun así ganar dinero. Aún ahora el "scottishwidows" o "fondo de las viudas escocesas" es un participante famoso e importante en los mercados. La idea se extendió primero a los soldados y luego a toda la sociedad. El que los seguros privados pasaran a ser públicos, la idea de un fondo social para imprevistos tuvo su origen, según el profesor de Harvard Niall Ferguson, en Japón, porque tras el gran terremoto de 1923 las compañías privadas no se hicieron cargo de nada por ser una catástrofe natural. Aunque en 1883 el canciller alemán Bismarck ya puso en marcha un seguro de enfermedad, y el término "Seguridad Social" fue inventado en la América de Rooselvelt, fue el país nipón el que universalizó un fondo de asistencia social buscando una mejor salud de los jóvenes, futuros protagonistas de los delirios bélicos del emperador Hiro Hito. El "todos deben estar asegurados" no murió a pesar de la derrota en la II Guerra Mundial que empobreció al país; es más, la asistencia estatal japonesa recibió tal impulso que se contagió a la mayoría de los países que vieron que ante la destrucción de una guerra no se podía confiar en los seguros privados. La Seguridad Social se convirtió en algo común: el estado empezó a pagar si no trabajas, si estás enfermo, si eres viejo…eso sí, a cambio una gran parte del sueldo se destina a todos esos "seguros".

En 1976 Milton Friedman demostró con la ecuación MV=PQ que algo fallaba. Es decir, que el dinero circulante y la velocidad del dinero es igual a precios y gastos luego a más dinero, más inflación. La inflación acaba con los beneficios del fondo de dinero público destinado a imprevistos ya que el dinero pierde y pierde valor. Para vencer a la inflación hacen falta inversiones más rentables pero que suelen ser más arriesgadas, como la bolsa, con lo que la pensión queda en manos de los vaivenes de los mercados financieros. Volviendo a Japón, la alta esperanza de vida y el parón demográfico provoca que en la actualidad esté cerca el momento (quizás menos de una década) en que por cada pensionista sólo haya 2 trabajadores, la deuda pública agobia al país y muchos creen que la poderosa Seguridad Social del Japón acabará colapsando. Otra vía nació en el Chile de Pinochet, de la mano del profesor de la escuela de Chicago José Piñera que diseñó el más famoso experimento de cambiar el sistema de Seguridad Social pública a otro de propiedad del cotizante y gestión privada. Entre 1979 y 1981 se implantó un sistema de pensiones que ofrecía –voluntariamente- darse de baja del sistema anterior y destinar el 10% del salario a unos gestores que manejarían una cuenta a nombre del trabajador, es decir, el capital, ese 10%, seguía siendo de cada uno. El 80% de los trabajadores se cambió. El auge económico de Chile desde entonces, la reducción de la pobreza y la alta rentabilidad individual de los fondos de pensiones, parecen dar la razón a los defensores de este sistema. El problema del sistema chileno está en los trabajadores que no tienen empleo o que lo tienen de forma irregular y sus aportaciones son nulas o mínimas.

Puede parecer que entre ambos sistemas, el público que es el común en Europa y el chileno, la diferencia es sólo de gestión ya que en ambos el estado nos tutela y obliga a los ciudadanos a que tengamos un seguro de pensiones, como lo tenemos a terceros si queremos conducir un coche o de vida para las hipotecas porque si no, habría millones que no lo tendrían y acabarían recurriendo al estado ante su insolvencia; al fin y al cabo, la clave sigue siendo la misma: aportar dinero toda la vida para que nos sea devuelto. Pero aunque el sistema público contrate a los mejores gestores e invierta en los mismos productos (por ejemplo en Francia más de la mitad de la hucha de las pensiones se invierte en bolsa), si los gestores privados de ese dinero se equivocan –o tienen la catadura moral de un Madoff- pueden perderlo todo (vimos en 2008 a jubilados norteamericanos obligados a volver a trabajar por culpa del desplome bursátil) mientras que si lo hacen los gobiernos tienen toda la estructura del estado detrás para auxiliarnos, por lo que también es un tema de seguridad. Es muy difícil ganar mucho sin arriesgar, por eso los fondos chilenos invierten mucho en renta variable, sobre todo nacional. Como la bolsa chilena las últimas décadas ha subido como un cohete ha ido muy bien pero, ¿y si hubiera bajado como por ejemplo la de Chipre? Y además de la gestión y la seguridad, la otra gran diferencia entre ambos sistemas está en que es más "justo" individualmente el chileno porque cada uno recibe por lo que da pero por eso mismo es más socialmente injusto.

A veces se nos olvida que el "estado del bienestar" se financia con las mayores aportaciones –en porcentaje y en términos absolutos- de los que más tienen, es decir, no recibimos lo mismo que aportamos, ni para bien ni para mal. Puede que uno piense que de lo que le cogen de su nómina sobra dinero para una operación de apendicitis en la vida y el par de veces al año que va al médico pero es gracias a lo que le quitan a Botín o al Corte Inglés –por ejemplo- que su padre puede tener gratis una operación a corazón abierto, dispone de una autovía hacia la ciudad donde pasar el "puente" o de un colegio público para su hijo. Y si esto queremos mantenerlo –otra cosa es que no, y es una opción respetable- quizás tengamos que cambiar de mentalidad. No se exige que la educación pública sea económicamente sostenible, se intenta con la sanidad pero aún no ha ocurrido y sin embargo nos empeñamos en que las pensiones sí deben serlo. Ojalá se consiga, por supuesto, pero quizás deberíamos asumir que, como ocurre con el resto de servicios públicos, puede que debamos recibir todos lo mismo aunque algunos aporten mucho más que otros. Me explico: todos los españoles tenemos una misma sanidad pública, seamos Amancio Ortega o Carpanta, aunque mes a mes lo que aporta al mantenimiento de ella el primero sea muchas veces más que lo que aporta el segundo. Es más, Amancio Ortega seguramente no haga uso de los servicios de la sanidad pública y prefiere pagarse un servicio privado. Pero entendemos que en nuestro sistema fiscal, aunque todos recibamos lo mismo, los que más ganan deben pagar más que los que menos ganan. Esto sirve no sólo para la sanidad, también para la educación, la policía, las carreteras… Por supuesto el que tiene más ingresos puede pagarse un colegio privado, un guardaespaldas y hasta un helicóptero, es decir, aunque sea el que más aporte para su mantenimiento, puede que también sea el que menos use los servicios públicos pero nos parece normal ¿por qué no nos lo parece con las pensiones públicas?

Mi propuesta es sencilla: las pensiones de jubilación deben dejar de depender de lo que nos quitan cada mes de la nómina porque de hecho eso es falso ya que en realidad depende de lo que aporten los trabajadores que haya cuando cobre mi pensión. Así pues, se debe ofrecer una pensión pública igual para todos, igual que a todos los españoles se les ofrece una plaza en un colegio público o en un hospital público, la misma, haya ingresado en la caja común lo que haya ingresado. Quien gane más dinero en su vida laboral o quien quiera y pueda, igual que tiene su seguro médico privado o lleva a su hijo a un colegio privado, puede invertir en un fondo de pensiones o simplemente ahorrar para los tiempos de la jubilación, eso es cosa suya. Pero el deber del estado es el de proveer lo suficiente para que todos los ciudadanos podamos tener sanidad, educación y, para mi es imprescindible, una pensión en la vejez que nos garantice no morirnos de hambre, aunque no hayamos cotizado, simplemente por ser españoles (o llevar ¿25 años? residiendo y consumiendo en el país).

Cifras grosso modo: España gasta en la pensión media de jubilación mil euros al mes. Si ponemos todas esas pensiones –en un proceso de años para futuros jubilados- igualadas al salario mínimo interprofesional -que este año rondará los 650€- el gasto pasaría a ser un 35% menor y el mayor número de pensionistas –por ejemplo amas de casa que nunca cotizaron- se compensaría porque en mi sistema desaparecería la figura del cobro de varias pensiones que existe en la actualidad puesto que no dependerá de los sitios donde se trabaje, bastará con ser español para cobrarla como basta serlo para disfrutar de la Seguridad Social. El coste sería muy inferior al actual, beneficiaría a las clases más bajas por lo que es indudable su beneficio social (hay que tener en cuenta que incluso en la "rica" Alemania casi el 50% de los jubilados alemanes recibe menos de 700 euros/mes). Podría ser impopular para todos los que tienen una pensión de mayor cuantía como casi todos los recortes que lleva sufriendo España desde hace años pero su implantación sería progresiva, no afectaría a los actuales jubilados. Otro ahorro más: al ser la jubilación el salario mínimo interprofesional y por lo tanto estar muy por debajo del sueldo medio, la jubilación, que debe ser completamente voluntaria salvo por criterios médicos que se ajustarán al puesto de trabajo concreto, se retrasará voluntariamente por el propio trabajador en muchos casos más allá de los 65 años, que sería la edad mínima a la que alguien se pueda jubilar, repito, salvo criterios médicos. Se acabaron las jubilaciones anticipadas, a partir de los 60 es obligatorio que cada empresa pague un reconocimiento médico anual que decidirá si el trabajador es apto o no y a partir de los 65 el empleado decidirá si se quiere jubilar o no -avisando con un antelación mínima- salvo que por una causa objetiva –por ejemplo, las pérdidas que vienen reflejadas en la última reforma laboral- el empresario decida suprimir de sus servicios. Todo esto supondrá un mayor recorte del gasto aún ya que se retrasaría efectivamente la edad de jubilación.

La crítica habitual que me hacen cuando explico mi propuesta es que si da igual lo que cotices para cobrar la pensión, se aumentarían los trabajos en negro, no habría interés en cotizar. Tienen razón, por eso el estado debe dejar de engañar a la gente con el cuento de que les quitan parte de su nómina para sus pensiones futuras cuando lo cierto es que se destina a gasto actual. Por eso el proceso sería en varias fases: una inmediata que colocaría en el doble del sueldo mínimo interprofesional el tope del importe de la pensión máxima (y única) que pague el estado y luego ir poco a poco reduciendo las retenciones en las nóminas en ese 35% de ahorro para los trabajadores que dentro de unos años vayan a jubilarse sólo con el sueldo mínimo. Hay que jugar también con el ciclo económico pero en principio ese aumento de salario inmediato propiciaría un mayor consumo y un mayor ingreso por IVA. De este modo, poco a poco el dinero de las pensiones propongo que no salga de las nóminas –o salga cada vez en menor cuantía- sino de una subida (del tipo y de los ingresos por mayor consumo) del IVA –así no se escapa nadie- que se destine a ese fin. De ese modo, todos ganaremos más dinero al mes que podremos ahorrar o gastar pero si lo gastamos con ese dinero estaremos financiando las pensiones de los actuales ancianos, del mismo modo que financiamos los colegios públicos y en general todo los servicios que ofrece nuestro "sistema de bienestar" y que no depende de cuantos años trabajemos ni de cuanto cobremos. Con el IVA está claro que todos, absolutamente todos, hemos pagado impuestos y cuanto más viejo sea uno, más habrá consumido y por lo tanto más habrá ingresado en la caja.

Si queremos disfrutar de un estado del bienestar como hasta ahora, financiado proporcionalmente por los que ganan más para beneficio de todos, especialmente a los más desfavorecidos, las pensiones públicas deben estar garantizadas como lo está la educación o la sanidad, independientemente del ciclo económico. Y cuando hay una época de expansión y de mayores ingresos debe crearse un fondo de ahorro para estas 3 partidas para que no caigamos en el exceso de gasto cuando las cosas van bien y en déficit presupuestario/subidas de impuestos/recortes injustos etc. cuando van mal. Hay que blindar el estado del bienestar ahorrando –y no malgastando como se hace hasta ahora- en época de vacas gordas para estos 3 pilares y cuando haya vacas flacas se gastará menos en obras, defensa, embajadas etc. porque eso sí es prescindible pero nunca recortar en los cimientos de la sociedad (otra cosa es racionalizar el gasto, por ejemplo no construyendo colegios nuevos si se reduce la población infantil). Haciéndolo bien cuando la economía va bien el estado de bienestar –entendido como un mínimo digno (y recalco lo de mínimo) que el estado debe ofrecer en sanidad, educación y pensiones de jubilación- sí es sostenible.

Se esté a favor o en contra de mi propuesta lo que no es lógico es seguir remendando el sistema actual cuando es injusto y falso y además está basado en proyecciones a tan largo plazo que no pueden ser fiables. Dejémonos de engaños: O se renuncia a que la jubilación pública y universal forme parte de nuestro "estado del bienestar" (y entonces cambiemos completamente el modelo y pasemos al de capitalización estilo Chile) o el coste de las pensiones de hoy lo deberemos cubrir con el dinero de hoy, así que ajustémoslo a los Presupuestos Generales del Estado, determinemos de donde saldrá y quién lo costeará y quienes y en cuanta cantidad lo recibirán. No más estudios sobre lo que pasará dentro de varias décadas porque eso nadie lo sabe.

Cambiar la estructura política.- Nuestro sistema político tiene muchos defectos pero a la vez creo que éstos son un reflejo de la sociedad española que es muy complaciente con las mentiras, con la corrupción, con el despilfarro… nos quejamos mucho de los políticos y a la vez les hacemos el juego, hay mucho conformismo en España y en mi opinión hay demasiado miedo a perder lo que se tiene como para intentar hacer el cambio radical que se necesita. No obstante, aunque los españoles seamos los principales responsables –e incluso culpables- del sistema actual lo cierto es que los que montaron el actual tinglado han dificultado mucho que pueda haber un cambio real que pasaría, en primer lugar, por una nueva constitución –elegida por los españoles de hoy- que sustituyera a la anterior. Toda reforma que se quiera hacer en este país pasa por una nueva –o renovada- Constitución, esa "ley de leyes" que una parte de los españoles nacidos antes de 1960 votó en 1978 y que seguimos sufriendo en la actualidad y que parece ser deberemos padecer por los siglos de los siglos: hay que dejar de lado el miedo al cambio y el mantener a toda costa un sistema que cada vez convence menos.

Las críticas al actual sistema son constantes: hay quien insiste en la contradicción de no poder elegir por votación popular al jefe de estado, hay quien critica la falta de independencia de la justicia, la inutilidad del Senado, las listas cerradas, la ausencia de requisitos objetivos para ir en ellas, el injusto sistema electoral, que coexistan autonomías y diputaciones, el inmenso número de políticos, el aún mayor de asesores a dedo, la falta de castigo a los gestores públicos que gastan por sistema mucho más de lo que ingresan, lo barata que sale la corrupción… En todo estoy de acuerdo pero creo que no es la clave del mayor problema de nuestra democracia: que está mal construida porque no hace lo suficiente para que exista una efectiva separación de poderes. Fue el filósofo Montesquieu quien en "El espíritu de las leyes" (1748) acuñó el término *"división de poderes"* que ha llegado a nuestros días. Básicamente establecía, contra el criterio absolutista que *"Los departamentos legislativo, ejecutivo y judicial deben ser distintos y diferentes"* y añadía: *"Para que exista un gobierno libre los poderes propios de uno de los departamentos no deben ser administrados completa ni directamente por cualquiera de los otros. Es también evidente que ninguno de ellos debe poseer, directa o indirectamente, una influencia preponderante sobre los otros en lo que se refiere a la administración de sus respectivos poderes."* Así pues, el poder ejecutivo, el poder legislativo y el poder judicial no deben concentrarse en las mismas manos. Esta es una teoría de contrapesos, donde un poder equilibra al otro. Sin embargo en el caso español las leyes las hacen los parlamentos que están dominados por los mismos que han elegido al ejecutivo, la separación prácticamente no existe y sólo el Tribunal Constitucional puede y debe frenar una ley si es anticonstitucional. Con lo que sólo tenemos como independiente el poder judicial al que se llega por estudios pero cuyos órganos superiores también están de algún modo influidos por el ejecutivo pues son cargos propuestos por partidos políticos. De hecho, el propio Tribunal Constitucional también es elegido por el poder legislativo como todos los órganos que en teoría podrían frenar su poder.

Así pues, si un ejecutivo está en el poder el suficiente tiempo domina los principales cargos del poder judicial, ha influido en el nombramiento del presidente del Tribunal Constitucional, hace las leyes que quiere si tiene una mayoría parlamentaria suficientemente amplia –algo a lo que ayuda la actual ley electoral- y como la percepción de lo que es bueno o es malo a la mayoría de la gente le llega a través del filtro de los medios de comunicación, la independencia de estos es clave pero muy difícil dada su gran dependencia económica –e incluso de funcionamiento- de decisiones políticas (en las licencias de radio y televisión, en la utilización de las campañas de publicidad institucional como presión hacia la prensa etc.). Por supuesto todo este excesivo control sobre todas las áreas de poder también incluye la economía, sin un buen sistema de contrapesos es muy fácil para los gestores políticos el caer en la tentación de la corrupción: no podemos confiar –por desgracia lo hemos comprobado- en la bondad de nadie, es mejor tener un sistema que dificulte al máximo la posibilidad del latrocinio. Igual que es mejor tener un sistema de semáforos en los cruces que confiar en la educación vial de los conductores.

Para separar el poder ejecutivo del legislativo una Nueva Constitución quizás debería fijarse en el sistema norteamericano y que el pueblo elija por un lado a los parlamentarios para que elaboren y aprueben o rechacen leyes y por otro al primer ministro para que gobierne y prepare y cumpla los Presupuestos Generales del Estado. También se debe cambiar la estructura administrativa cara e ineficiente que tenemos, el injusto sistema electoral, las listas cerradas o que no podamos elegir al jefe del estado. Lo más curioso es que la tecnología y un sistema electoral justo nos permitirían acercarnos al sueño de la democracia directa y acabar con el déficit democrático actual: se podría votar con el propio móvil –igual que ya se hacen pagos con él- simplemente dándolo de alta en el Ministerio del Interior o estableciendo para todos los móviles nuevos al comprarlos una especie de matrícula que da derecho al poseedor del aparato a votar con él. Sería algo voluntario y complementario a las urnas al principio pero creo se impondría al ser mucho más barato, rápido y eficaz. Sí, las personas podrían vender su voto pero claro, también lo pueden hacer con el método tradicional ya que nadie garantiza un reconocimiento facial al comprobar la foto del DNI con la persona que vota y el sistema de papeles en urnas no es precisamente un ejemplo de seguridad. Tampoco lo es el de voto por correo y sin embargo es el mayoritario en el país que a comienzos del siglo XXI es el mayor exponente de democracia directa (listas abiertas, mayoría de políticos vocacionales, numerosos referendos vinculantes etc.) y participación ciudadana: Suiza.

En principio con los votos por móvil se pueden seguir eligiendo diputados pero sobran las circunscripciones electorales, es absurdo que valga menos votos un escaño en Soria que en Barcelona si al fin y al cabo el diputado elegido defiende las posturas de su partido y no las de su provincia. Así pues, si los votos son 30 millones y los escaños 351 –mejor un número impar para evitar empates- se puede establecer que cada escaño cuesta 85470 votos, es decir, 30000000/351. Si sólo vota la mitad de la gente, pues sólo habrá la mitad de diputados ya que no es justo que si los políticos no saben motivar a los votantes obtengan el mismo resultado. Con el tiempo mi esperanza, si se impusiera un sistema similar, es que en vez de votar cada 4 años, lo hagamos cada vez que el proyecto que se debatiera en el Parlamento fuera de importancia general, así como celebrar referendos asiduamente. Antes de poder votar, cada ciudadano debería responder a un test con 3 preguntas muy breves y básicas sobre el texto antes de elegirlo o rechazarlo, de este modo se garantiza que el votante demuestre que está informado sobre lo que vota o que al menos se tome la molestia de buscar las respuestas correctas en un buscador de internet, que demuestre interés más allá de las afinidades que pueda tener hacia el líder que pida que se apruebe o se deniegue algo. Seguro el porcentaje de abstención será muy alto -lo cual es una elección también-, pero nadie debe obligar a nadie a implicarse si no quiere.

Idealmente, la política debe convertirse en una cuestión de confianza: se supone que todos los gobernantes intentan hacerlo lo mejor posible –aunque sólo sea para mantenerse en el cargo- y su principal labor es hacer una buena redistribución –detectando dónde se debe aumentar la inversión y donde se debe reducir- de lo que recaudan. Es decir, que elaboren los mejores Presupuestos Generales del Estado y los cumplan correctamente ajustando con la mayor exactitud gastos con ingresos (debería ser muy impopular un equipo de gobierno que no sabe cuadrar los números). Así, los votantes deberíamos elegir a las personas que más confianza nos dan, independientemente del partido político. De hecho ¿por qué debe ser político el elegido? Con este método de elección directa no haría falta la estructura de partidos políticos para que hubiera candidatos populares y eso vale para presidentes del gobierno pero también para alcaldes.

El motivo de este libro no es político pero es imposible separar la economía de la política y aún menos en España. Hace falta una reforma política de calado.

Arreglar el problema con Cataluña.- Un estudio genético global ha demostrado lo que la arqueología y la antropología ya habían indicado: absolutamente todos los tipos humanos del planeta, desde los esquimales a los aborígenes de Australia, desde los arios a los chinos, proceden de África. La ciencia pues ha demostrado que es absolutamente cierto lo de que todos somos hermanos si bien ha abierto nuevas dudas ya que se han encontrado restos humanos en la Patagonia que no han evolucionado genéticamente de los del norte de América –que a su vez proceden del grupo asiático- sino directamente del grupo humano original de África por lo que de algún modo -a día de hoy inexplicable- africanos primitivos llegaron por mar a Sudamérica cuando no existían barcos. Dejando esto de lado, lo cierto es que lo racional –y yo diría que lo ideal- sería que hubiera un nacionalismo humano, que el bienestar de otro hombre, aún a miles de kilómetros de distancia, fuera algo que nos preocupara tanto como el de un compatriota. Pero esto no pasa en la realidad.

Uno de los personajes históricos más curiosos para mi es Juana de Arco, una adolescente que a comienzos del siglo XV fue capaz de abanderar un ejército de hombres para "salvar" a Francia de la invasión inglesa. Los católicos, y especialmente los franceses, achacan su excepcionalidad a una influencia directa divina sobre ella. Pero incluso desde un punto de vista religioso parece difícil de creer que un Dios que se supone ha creado un universo que se mide en años luz y en millones de años se vaya a preocupar por tomar partido en las fronteras políticas de un pequeño planeta a favor de un país y en contra de otro –por cierto, los británicos también eran católicos en esas fechas- pero por supuesto los franceses están encantados con esa idea y por ello Juana de Arco es –todavía hoy- la Santa Patrona de Francia. Este es uno de los muchos ejemplos que existen sobre el poder que el nacionalismo ejerce sobre nuestra mente racional. Desde un punto de vista económico, **el** nacionalismo es algo que no casa con la actual globalización y supone un freno para salir de la crisis como estamos viendo en la Eurozona (la falta de unidad y la incomprensión entre los distintos países están en contradicción con el propósito de crear una unión que aspire a competir con los EUA), pero no se puede obviar nunca en una ciencia social como la economía el factor humano. Por ejemplo, yo podría demostrar que Baleares mejoraría su situación si se separara de España y se convirtiera en un Lander alemán y no por eso iban a querer hacerlo y de igual modo sé que en Cataluña hay un fuerte sentimiento independentista pero confío que no la querrían si eso supusiera vivir mucho peor de lo que lo hacen ahora.

Yo soy antinacionalista y globalizador, creo en la diversidad cultural pero no en la educación que prioriza las diferencias y me opongo a las fronteras pero dado que existen, éstas deberían ser decididas por los ciudadanos y no por las guerras o las interpretaciones históricas como mayoritariamente ha pasado hasta ahora y por eso creo que el nacionalismo catalán es tan justificable como cualquiera y la aspiración a un estado propio no es censurable. Contra la opinión general, creo que los territorios son de quienes los habitan: si los gibraltareños no quieren ser españoles nunca deberían serlo, si los melillenses no quieren ser marroquíes, da igual el lugar geográfico de la ciudad, tampoco deberían serlo. Y si los catalanes no quieren ser españoles, creo están en su derecho. Otro tema es que, además de esa voluntad de sus habitantes –que no dudo en unos años sea aplastantemente mayoritaria si siguen así las cosas-, Cataluña pueda tener el suficiente grado de autosuficiencia como estado independiente para ser viable económicamente y favorecer con ello el nivel de vida de sus habitantes. Si viviéramos en la España de la autarquía de 1950 no lo dudaría –al fin y al cabo tiene agricultura, turismo, industria…- pero en el globalizado mundo del siglo XXI donde las áreas económicas están tan definidas y con el lastre de la deuda, la situación es muy diferente. Como historiador veo que se han manipulado hechos para justificar posiciones ideológicas pero también es cierto que eso pasa en casi todas partes. Por ejemplo, en España, donde muchos critican, creo que con razón, la interpretación que hacen muchos en Cataluña de la Diada, sabemos que los restos de Santiago –patrón del país- no están en Compostela (e incluso se llega a dudar que realmente haya pisado alguna vez la Península Ibérica) o que lo de Covadonga fue una escaramuza sin importancia a la que se mitificó por motivos políticos, al igual que se pervierten las palabras para darles el significado que se quiere, por ejemplo denominando durante décadas "alzamiento nacional" a un golpe militar. Y es que los políticos han utilizado el nacionalismo en muchas ocasiones para beneficio propio, siendo quizás el caso más extremo el de Hitler y Hiro-Hito ya que en nombre de él provocaron el mayor conflicto bélico de la Historia.

Centrándonos en la economía, creo que ese sentimiento nacionalista de muchos catalanes ha sido utilizado por algunos políticos para vender la idea de que la independencia es una mejor forma de salir de la crisis que la integración. Hay quien cree que en realidad no lo piensan y lo que quieren es conseguir ventajas económicas. Podría ser pero esa no debería ser la solución. Es normal que las regiones más ricas aporten más a la caja común igual que pasa con las personas con una salvedad: hay personas con ingresos altos que no han tenido la ayuda de una buena herencia pero en las diferencias entre comunidades autónomas si hay motivos históricos de peso: por ejemplo a Madrid su capitalidad le ayuda a ingresar más así como a Cataluña su importancia en comercio e industria desde hace siglos. Y gran parte de esos beneficios los reciben porque pertenecen a un estado más grande en el que otras comunidades ingresan menos. Igual pasó cuando ingresamos en la UE, Alemania y Reino Unido aportaron capital a España por ser un socio más pobre pero también porque hay una lógica comercial en esa "solidaridad" que también les beneficia. A nivel individual, el dueño de Zara necesita que haya una clase media con ingresos que consuma sus productos para ser rico él, del mismo modo pasa eso con las comunidades autónomas –y los países- que tienen las mayores empresas y pertenecen a una unión política y/o económica. Es lógico que las autonomías que más ponen intenten poner sus condiciones (como hace Alemania en la €zona) pero todos los españoles somos iguales y precisamente lo único que rompe –al menos sobre el papel- la igualdad es el tema fiscal ya que a los que ganan más se les aplica un porcentaje de impuestos superior.

Y esto –que algunos llaman solidaridad y otros expolio- ocurre también a nivel territorial y no sólo en España, es exactamente el mismo método de la UE: quien más ingresa, más paga. Así pues, igual que nadie entendería que un día hubiera una unión política real en Europa y Holanda tuviera derechos que no tiene Italia, no tiene sentido que haya territorios con privilegios y por eso creo que las ventajas vascas y navarras deberían desaparecer y desde luego estoy en contra de que se extiendan a Cataluña. Si el negarse a ello es la mecha que conduce a que una amplia mayoría de habitantes de esas autonomías quiera dejar de pertenecer a España, sería una pena y tengo claro que será muy difícil –por muy legal que sea- obligar a la gente a ser ciudadanos de un país al que no quieren pertenecer. Como he comentado ya, ZP cometió un gran error al asegurar que apoyaría el Estatut que decidiera el Parlament porque luego la rectificación de algunos puntos por el TC fue una excusa que el independentismo usó muy bien para azuzar a una sociedad muy harte de la situación actual debido a la crisis. No hay que olvidar que hasta 2010 la asistencia a las manifestaciones de la Diada catalana del 11-S no pasaba de las 10 mil personas. Luego la insensibilidad de Rajoy hizo el resto y ahora un problema de nacionalistas pidiendo más se ha convertido en uno de independentistas.

Uno de los párrafos más repetidos por los que están a favor de la consulta sobre una posible independencia catalana –esa que también algunos defienden siempre y cuando se haga en toda España- lo escribió el economista Xavier Sala i Martín y dice así: *"¿Qué pasaría si un extraterrestre interesado en llevar la democracia a su planeta se nos presentara en el salón y nos preguntara cómo tomamos decisiones colectivas los terrícolas? Seguramente le explicaríamos que, para determinar a nuestros gobernantes, votamos, que para aprobar nuestras leyes, votamos, que para decidir cómo se gasta el dinero público, votamos y que para fijar los impuestos, votamos. Si, de repente, el caballero intergaláctico se parara delante de un mapa del mundo y nos dijera: "Supongo que para cambiar las fronteras que aparecen en este mapa, también votáis, ¿no?". Nosotros deberíamos responder: "¡No!, las fronteras sólo se pueden cambiar a bofetadas""*

Y es cierto que los cambios en las fronteras, quizás incluso más que las religiones, han sido la excusa que más guerras han motivado a lo largo de la Historia de la Humanidad. Pero también hay excepciones, algunas muy recientes: la desaparición de la URSS motivó el nacimiento –y renacimiento- de varios estados independientes la mayoría sin derramamiento de sangre, Chequia y Eslovaquia se separaron pacíficamente, Kosovo se escindió de Serbia –9 años después del conflicto bélico-, quizás el mejor ejemplo es Quebec, que ha votado en 1980 y 1995 de forma democrática y pacífica si convertirse o no en una nación diferente a Canadá (en la práctica casi lo es) y el caso más reciente ha sido Escocia. ¿Quiere decir esto que la independencia de Cataluña puede suceder? Yo no lo creo.

Hay un error en muchos de los análisis económicos que se hacen ya que antes de imaginar una Cataluña independiente antes hay que planear cómo sobrevivir al proceso de separación. España no va a querer perder parte de su territorio –legalmente lo es, no es discutible- igual que los catalanes no querrían perder Tarragona y los partidos políticos españoles, cuya máxima aspiración es ganar elecciones, no permitirán algo tan impopular para sus votantes. Y a las malas, por parte catalana no hay medios suficientes para una medida de presión que pueda contrarrestar la suspensión de la autonomía con el más que probable beneplácito internacional. Y es que España lo tiene todo a favor para imponer su postura ya que cuenta con todo el apoyo internacional que no sólo le ofrece su participación en los principales organismos, sino especialmente el miedo que otros estados tienen a apoyar un movimiento secesionista que se les puede volver en contra ya que este no es un problema exclusivo de España, dentro de Europa también ocurre en Reino Unido, Italia, Bélgica…

Incluso si una inmensa mayoría de catalanes quiere separarse de España la separación sólo sería viable a las buenas, algo muy complicado de aceptar por un gobierno español que, aun en el improbable caso de aceptar iniciar una negociación de igual a igual entre una autonomía y el estado central sobre una secesión y aún imaginando la mejor de las voluntades por ambas partes, dilataría muchos años el proceso ya que es imposible tras tantos siglos hacer un reparto equitativo que satisfaga a ambas partes y mucho menos llevarlo a la práctica en menos de una o dos décadas. Parecería sencillo repartir la deuda pública pero si se hace, ¿No habría que repartir también los activos -incluido el armamento o las reservas de oro- y alguien piensa que España querría hacer eso? Y caso de hacerse, ¿se haría por población o por territorio? ¿Y cómo se comparte la deuda privada y bancaria o el Fondo de Garantía de depósitos? Y si se inicia un largo proceso que conducirá a la independencia, ¿Mientras tanto se espera que el estado central mantenga su estructura e inversiones en Cataluña y que los ciudadanos de la autonomía paguen los impuestos estatales? Esto es lo que yo creo que pasaría si Cataluña se independizara mañana:

-Impago de la deuda. Incluso si se quedara con todos los activos estatales que tiene en su territorio pero no con un porcentaje de la deuda pública española (lo cual sería injusto) no tendría capacidad de pagar su propia deuda autonómica que actualmente abona gracias a fondos obtenidos por el Tesoro español. La "ventaja" de no tener que aportar a la caja común española valdría para el futuro pero de momento lo inmediato es la cesación de pagos.

-Al no disponer de dinero y tener déficit presupuestario, es importante poder emitir deuda pero Cataluña o no tendrá rating o será bono basura luego la clave está en el exterior pero ya sabemos que la inmensa mayoría de los países no va a reconocer la independencia de Cataluña por lo que habría que buscar créditos bilaterales con aquellos que sí lo hagan y quieran prestar o con inversores que van a exigir a cambio alta rentabilidad. Serían pocos y a alto interés por lo que sería complicado incluso importar gasolina.

-Se dice que Cataluña podría usar el € como hace Andorra, sin tener banco central emisor. Es una gran idea para Andorra ya que es receptora de fondos internacionales y tiene el beneplácito internacional pero si Cataluña usa el € pero no tiene el apoyo del BCE le pasará como le pasa hoy a Kosovo o a Montenegro, que usan el euro pero sus bancos deben adquirirlos por lo que sus tipos de interés son muchísimos más altos que en la Eurozona Si renuncia al € y emite una moneda propia, tampoco creo fuera aceptada como medio de pago internacional.

-Los bancos catalanes (CaixaBank y Banco Sabadell), incluso si han sido listos y han trasladado su sede social a Francia o a España para poder tener acceso al BCE y esa medida "cuela", se encontrarán en situación muy delicada por todos los créditos concedidos a la administración pública catalana y a sus empresas además de por la previsible fuga de clientes no catalanes. Y una posible quiebra sin un Fondo de Garantía de Depósitos catalán sería pésima para los ahorradores.

-No creo que pasara pero incluso si BCE aceptara como colateral deuda catalana viva –ya hizo excepciones con la griega y chipriota- y con ella pudiera dar algo de liquidez a las entidades catalanas tendría un "haircut" (un descuento, no se lo valoraría por el 100%) similar al que tiene Chipre lo que encarecería los tipos de interés. Y estaría el problema de cómo colocar la nueva deuda –estatal y bancaria- que se tendría que emitir. Es decir, que incluso con el improbable apoyo extraordinario de BCE, la crisis financiera se agravaría mucho.

-Además, los bancos catalanes tienen mucha deuda española, deuda que perderá valor ante la secesión catalana. No hay que olvidar que en ese escenario España también saldría muy perjudicada, incluso si Cataluña asume su parte de la deuda pública estatal y si bien es probable que España recibiera un rescate de la UE/FMI/BCE etc. los ajustes para la población se multiplicarían.

-Una situación así provocaría una desinversión fuerte y una huida de capitales en Cataluña como primera medida: menos empresas y por tanto más paro. Negar eso es olvidar que el dinero es cobarde y no tiene patria y recordemos que fue exactamente lo que pasó en los países periféricos cuando se temió la salida de ellos de la €zona no hace tanto. También se produciría un movimiento emigratorio que ayudaría a desplomar el precio de la vivienda y, en general, de los activos radicados en Cataluña.

No pienso que esté siendo exagerado, sinceramente creo que es lo que pasaría a grandes rasgos a corto plazo (más allá nadie lo sabe). Basta con ver lo que ha ocurrido en Grecia en 2015 cuando el nuevo gobierno ha decidido ir por libre contra el resto de socios de la Eurozona. Y es que no se puede aspirar a seguir en Europa, en la Eurozona y tener el apoyo del BCE si nadie apoya lo que pretendes hacer. Si en Grecia, sin llegar a salir del € y siendo un estado reconocido, se vaciaron los bancos hasta el punto de que hubo que imponer un corralito y la actividad económica se paralizó, ¿Qué pasaría con un territorio que se enfrenta a todos? Tsipras se vio obligado a renunciar a prácticamente todo su programa electoral para no acabar fuera de la Eurozona y los meses que tardó en darse cuenta de que el riesgo no merecía la pena fueron desastrosos para la economía de su país. Debería ser una lección que invite a la prudencia.

Por desgracia, el tema está tan politizado que casualmente todos los análisis optimistas sobre las consecuencias económicas de la independencia están realizados por nacionalistas catalanes y todos los análisis pesimistas por nacionalistas españoles. Creo que yo, como no nacionalista, puedo ser más objetivo ya que no me mueve ideología alguna sino el bienestar de la mayoría. Los ajustes que lleva padeciendo Grecia (que impagó deuda pero también recibió fondos de la UE y el FMI y todo el apoyo de BCE) los últimos años serían mínimos en comparación a lo que tendríamos que padecer los que vivimos en Cataluña si se entra en abierto enfrentamiento. Y creo que gran parte del sector financiero, empresarial y, en resumen, del mundo económico catalán, aún con corazón independentista, saben eso pero prefieren callar. Y ahí hay engaño hacia la población.

Reconozco que si la Eurozona fuera a disolverse como parecía en 2012 y hubiera varios estados que no pudieran pagar su deuda el momento sería bueno aprovechando una situación de caos en Europa (¿quién dice que no se volverá a repetir?) pero la independencia catalana ahora que la crisis de deuda está más calmada sería como auto-lesionarse y herir a los vecinos, sería generar un problema de forma voluntaria que nadie agradecerá que aparezca por lo que pondría a todos en contra tanto de Cataluña por crearlo como de España por no resolverlo. A día de hoy y aun batallando para salir crisis, pertenecer a España, a la UE, a la Eurozona y contar con el auxilio del BCE y de la comunidad internacional, es el mejor camino para no empeorar la situación económica de los catalanes… y de todos los españoles. Y eso en definitiva es lo que más debería importar. ¿Quién iniciaría un proceso bilateral que perjudicara a los habitantes de las dos partes que participan en él? ¿No estamos viendo cómo la Eurozona, con apenas una década de historia, con muchos menos puntos de unión que cualquier autonomía tiene con el resto de España y con un proyecto claramente cuestionado hace todo lo posible por no romperse precisamente por el coste económico que supone la ruptura?

Resumiendo, a las malas no se llega a ninguna parte y el perjuicio económico para los españoles –y especialmente para los que viven en Cataluña- sería enorme y además Cataluña no tiene forma de presionar dado su aislamiento internacional en este tema por lo que los independentistas deberían recular. Si no lo hacen y fuerzan el tema, España entiendo que sea firme pero debería pensar en los ciudadanos catalanes y no juzgarles por sus políticos: cualquier reacción exagerada estaría ayudando a justificar acciones violentas en el futuro. Mi solución pasa por el diálogo y no me asusta que si una mayoría de catalanes quiere secesionarse de España se converse sobre ello y se negocie un calendario de largo plazo: llevo años viviendo en Cataluña y no es realista pensar que la actual autonomía va a continuar mucho tiempo más, pienso que Cataluña acabará siendo independiente de facto aunque por la pertenencia a la UE y a la Eurozona siga siendo nominalmente parte de España. Es una cuestión de tiempo.

Reducir la Deuda.- Hay que ser realistas y, aparte de negociar una quita (algo que es un último recurso porque sirve para la ya emitida pero encarecería y dificultaría la próxima a emitir) que yo sepa sólo hay dos opciones para reducir nuestras deudas: la lenta y la rápida. La lenta es que crezca nuestra economía para aumentar ingresos, mantengamos la confianza de los mercados – aunque sea gracias a BCE- y así los intereses se reduzcan, el gobierno gestione bien y consiga superávit que se destine a emitir menos, la inflación sea alta para que sea más fácil abonar las deudas a costa del ahorrador… etc. Lo malo de esta opción es, aparte de que es lenta, que es muy complicada ya que estamos en una crisis global que no invita al crecimiento precisamente, nuestros gestores siguen gastando más de lo que ingresan y pertenecemos a una unión económica donde priman los intereses de los países más fuertes económicamente que, al estar en otra fase de la crisis, entre otras cosas no desean más inflación y no podemos quejarnos demasiado porque sin estos socios habríamos presentado ya suspensión de pagos. La rápida es la que ya se hizo hace 2 décadas: devaluar nuestra moneda y así hacer una quita enmascarada de nuestra deuda externa. Esta opción no es viable dentro de la Eurozona y salirnos de ella nos llevaría a un cierre de los mercados exteriores lo que implicaría la quiebra. Claro, teniendo nuestro propio banco central podríamos abusar de la política monetaria pero eso aumentaría aún más la desconfianza en España y nos llevaría a una especie de autarquía económica en la que tendríamos problemas incluso para importar crudo. La única forma de que la opción rápida fuera manejable es que la Eurozona entera se deshiciera o al menos un grupo de países lo bastante numeroso como para no estigmatizarnos –fundamental que le pase también a Italia- pero mientras eso pasa –o no- sólo queda la opción lenta.

Ayudar a combatir la emigración ilegal acabando con los subsidios agrícolas en Europa.- Todos los días los europeos nos gastamos en subsidios a la agricultura y a la ganadería – repartidos de forma muy polémica ya que los más beneficiados son grandes latifundistas como al Duque de Alba o la Reina de Inglaterra- una cantidad con la que podrían vivir millones de personas del Tercer Mundo. No es sólo el coste de "proteger" nuestra agricultura, es la miseria e insatisfacción que generamos en otros países del mundo. Si al menos esos subsidios se otorgaran a unas cuotas mínimas de consumo interno, yo seguiría estando en contra pero al menos su daño estaría más contenido. Tampoco se limitan sólo a productos frescos (lo que tendría cierta lógica, por ejemplo un plátano de Canarias incluso si tuviera las mismas características tiene más garantía de frescura que una banana sudamericana) sino que incluye entre esos subsidios productos como el azúcar. Producimos el azúcar más caro del mundo – básicamente porque no es el clima más adecuado para su cultivo- y debido a su mecanización apenas genera empleo pero logra sobrevivir con un gran subsidio que lleva a que se acabe cultivando más de lo que consumimos por lo que el azúcar subvencionado por todos los europeos sale a los mercados mundiales. Sudáfrica, como otros países gracias a su clima privilegiado, cultiva gran cantidad de caña de azúcar y aunque la mayor parte sea a mano -lo que da empleo a muchísima gente-, consigue un producto final 3 veces más barato que el europeo. Lo normal sería que nosotros les compráramos a ellos el azúcar -ya que no es un producto que se necesite consumir fresco- y no lo contrario. Pues no sólo no pasa eso, es que el aluvión de azúcar procedente del excedente europeo financiado por cada uno de nosotros, abarata el coste del azúcar mundial y repercute directamente en la salud económica de miles de familias que viven del cultivo y el refinado del azúcar en Sudáfrica. Para colmo, si ellos quieren vender en la Unión Europea su azúcar tienen que pagar un arancel del 150%. Y lo peor es que las golosinas hechas con azúcar subvencionado europeo también compiten con empresas similares del Tercer Mundo incluso en su propio territorio. En otros países de ese continente la situación es aún peor: no es exagerado decir que nuestras subvenciones provocan muertes por miseria. En lugar de comprar los productos allí donde se produce más barato –el Tercer Mundo-, subvencionamos nuestra agricultura que es la más cara del mundo y con nuestros excedentes les robamos mercado a ellos.

Los pobres del Tercer Mundo no pueden salir de su situación porque no sólo no pueden vendernos sus productos agrícolas, incluso a veces se los vendemos nosotros a mejor precio a ellos. Por ejemplo, en República Dominicana hay zonas donde sacrifican a las vacas en lugar de ordeñarlas por nuestra culpa. En Europa sobra leche pero en lugar de producir menos, convertimos los excedentes en leche en polvo que se vende por todo el mundo. Es decir, los ganaderos reciben subvenciones de los contribuyentes, la empresa recibe subvenciones a la exportación también pagadas por todos nosotros y la consecuencia de ello es que en las tiendas de República dominicana se vende a precios tan competitivos la leche en polvo europea que ya no se vende leche fresca. Los antiguos ganaderos -los rebaños lecheros locales se destinan mayoritariamente al matadero- arruinados por esto llaman a las latas europeas con la etiqueta del rumiante "la vaca conquistadora". Precisamente en República Dominicana hace una década se dio el caso de que mientras la UE con sus subvenciones arruinaba a los lecheros locales, el Comisario de desarrollo de la UE mandó 20 millones de € de los europeos como ayuda a República Dominicana con un programa específico de ayuda a los lecheros, ¡a la vez que les dejamos sin mercado donde vender les damos dinero para producir! La burocracia de la UE es así: o una parte no se entera de lo que hace la otra o lo que es peor, le da igual siempre y cuando haya fondos. Y por supuesto todos los ministros de agricultura de la UE, incluidos los españoles, son responsables: vale que ellos deben defender el interés de los que los votan pero estamos hablando de millones de vidas humanas y del desarrollo de países enteros que no pueden salir adelante para salvaguardar una actividad mínima en Europa que no es rentable por sí misma.

Si reducimos los subsidios que pagamos por producir productos que no consumimos y por exportarlos y a ese recorte le sumamos lo barato que podríamos importar, el beneficio sería enorme. Pero además no es sólo una cuestión económica, ni siquiera humanitaria (sé que con esos argumentos ningún burócrata de la UE se va a conmover), es una cuestión de pura supervivencia. Si les hurtamos la única forma que tienen de prosperar, convertimos a millones de personas en desesperadas: o acabamos con la miseria en el mundo o no podremos frenar la inmigración ilegal ni los argumentos para la captación de terroristas anti-occidentales. Ya sé que esta postura es políticamente incorrecta, más en España donde la agricultura aún es importante y nos quejamos por importar aceite africano (como si fuera malo que el consumidor tuviera diferentes opciones que elegir) cuando estamos encantados de exportar arroz por ejemplo pero somos la puerta de entrada de mucha emigración de personas desesperadas como los que se echan a las vallas de Melilla. Debemos entender que o ellos tienen un futuro o acabarán buscándoselo aquí. Vale que no se lo demos nosotros pero es que se lo estamos literalmente quitando con la exagerada política de subvenciones a la agricultura. Deberíamos ser más solidarios pero si no lo somos, ¡al menos seamos inteligentes!

Cuidarse de los radicalismos demagógicos.- Cambiar es importante y necesario pero sin destruir lo bueno que aún tenemos. No debemos olvidar que la España actual es uno de los sitios de mayor calidad de vida del planeta y es una aspiración justa desear tener un sistema del bienestar incluso mejor que el que teníamos en 2007 pero como ya dije, eso fue una excepción histórica: hay que ser realistas, no podemos aspirar a eso si no volvemos antes, por ejemplo, al nivel de ocupados que entonces había. Proponer, cuando nunca ha habido tantos jubilados como ahora, con una mayor esperanza de vida y una gran reducción del número de asalariados y de la propia población activa, jubilarnos años antes es un sinsentido; proponer una renta básica universal, además de no ser financiable, dejaría vacíos millones de empleos de baja remuneración o acabarían cobrándose en dinero B para poder acceder a ambas pagas; proponer un sueldo máximo en relación con el sueldo mínimo supondría la salida del país de los mejores profesionales (fácil de entender con un ejemplo: ¿Cuántas estrellas del fútbol que hoy están en el Real Madrid o el Barça se quedarían si su sueldo estuviera ligado al del taquillero del estadio?) y además la experiencia demuestra que poner puertas a la ambición personal es contraproducente como por ejemplo han entendido en China donde crece el número de millonarios en un país teóricamente comunista; proponer impuestos confiscatorios hacia los grandes patrimonios a lo que conduciría es a una fuga de capitales que derivaría en una pérdida de riqueza para el país; proponer una quita de deuda de forma unilateral conduce a perder la confianza de los inversores en un país muy dependiente del crédito exterior y que acabaría quebrando lo que llevaría a la bancarrota del fondo de pensiones de la seguridad social y de la banca española –sobreinvertida en deuda pública- por lo que peligrarían los ahorros de los españoles; proponer renacionalizar empresas "estratégicas", independientemente de mi opinión, resulta muy caro porque hay que compensar a los expropiados y el no hacerlo supondría, además del empobrecimiento de por ejemplo millones de españoles que tienen acciones de ellas, otra fuga de capitales ante la inseguridad jurídica que supone… En resumen, no deberíamos arriesgar lo mucho que tenemos cayendo en la tentación de la demagogia.

No menospreciar los pequeños cambios.- Todo suma y cuando se habla de productividad y competitividad se pontifica básicamente sobre el trabajador y sobre el empresario pero se obvia la labor de los gobiernos que, por ejemplo con un calendario tan absurdo como el que tenemos, nos torpedea a todos, incluso en un país con un fuerte sector turístico. ¿Alguien sufriría porque el Día de la Constitución en lugar del 6 de diciembre fuera el primer viernes de febrero, mes sin festivos? Y el tema de las fiestas religiosas y el argumento de la tradición: cuando yo era niño San Pedro y San Pablo era festivo, dejó de serlo y no pasó nada; tampoco ocurrió cuando San José pasó a ser fiesta sólo en algunas autonomías, ¡Y eso que es el Día del Padre! En Reino Unido tienen muchas tradiciones y eso no evitó que traspasaran los festivos a los lunes para evitar los puentes. Basta con Navidad como fiesta religioso-cultural común y Año Nuevo como civil como excepciones y todas las demás pueden aglutinarse en viernes y lunes (la Semana Santa en Europa por ejemplo excluye el Jueves Santo pero celebra el lunes de pascua). Un calendario mejor pensado es también una forma de ahorrar costes.

Fomentar las pymes y el consumo con medidas de simplificación normativa y legal.

Para negociar con nuestros socios debemos unirnos a Italia para –ya que juntos somos más grandes que Alemania- presionar con el miedo que provoca en nuestros socios el que los dos abandonemos la €zona

Los ingresos por impuestos aplicados a la gasolina, gasóleo etc. deberían tener un tope anual para que las subidas de precio del crudo repercutan menos en el consumidor. No es un problema en la actualidad pero deteriora mucho el clima económico que cuando sube el barril de petróleo el coste en seguida se vea trasladado al consumidor en gran parte por las excesivas tasas. Si el gobierno tiene presupuestado unos ingresos basados en un precio que luego es más alto, ese año ingresa más y de ese "extra" se puede prescindir con facilidad en beneficio de la industria y el comercio.

Para mejorar las cuentas públicas hay que reducir gastos pero eso no implica necesariamente eliminar inversiones, hay que saber diferenciarlas: comprar tanques cuando nuestro mayor riesgo bélico viene de que Marruecos ocupe Ceuta y Melilla o abrir un aeropuerto a menos de 100 kms. de otro ya en funcionamiento son gastos y mejorar las comunicaciones con Europa o aumentar la plantilla de un equipo que persiga el fraude fiscal son inversiones.

A nivel individual, cuando las cosas nos van bien para comprar gastamos nuestros ahorros e incluso nos endeudamos y cuando nos van mal reducimos gastos y ahorramos. Está en nuestra mano comportarnos en los buenos momentos económicos como lo haríamos si fueran malos.

Aprender de los errores, ¿Qué dirán los libros de esta recesión, comentarán las vicisitudes de todos aquellos que compraron porque la cuota de la hipoteca era similar al precio del alquiler sin tener en cuenta que firmaban una deuda para décadas y que podían perder su trabajo durante ese tiempo? ¿O hablaran de la burbuja inmobiliaria como quien habla de la crisis del petróleo de 1973, sin profundizar en el drama humano? Y sin profundizar en él, no aprenderemos de verdad de toda esta historia. Y entre que no tenemos memoria y que nos recuerdan muy pocas veces los errores cometidos, no paramos, generación tras generación, de repetirlos una y otra vez. Recordemos que en 2008 mucha gente creía que esto era una crisis importada de la mala política de Bush y de los bancos de allí que apenas nos podía afectar ya que como aquí todo lo habíamos hecho bien, el precio de los pisos siempre subía, teníamos el mejor sistema financiero, superávit y una muy baja deuda pública… seríamos inmunes. Luego se creyó que pasaría como con la crisis de los ".com" en 2001 y 2002: que afectaría mucho a las bolsas y algo al crecimiento pero que no nos llevaría a la recesión…Y al final muchos de los que pensaban eso se fueron dando cuenta que en muy poco tiempo los malos gobiernos se comen los superávits e inchan la deuda pública, descubren que el burbujón inmobiliario patrio existía así como la corrupción, la malversación, las pésimas entidades financieras, las inversiones ruinosas primando criterios políticos… y que el euro no era tan bueno ni lo era que fuera tan fácil conseguir una hipoteca o el tener en cada provincia un aeropuerto que se va a tener que pagar por una población que en su mayoría quizás no lo use nunca.

No quiero explayarme más porque no estoy confeccionando un programa electoral para las próximas elecciones, sólo haciendo notar que se pueden y que se deben cambiar cosas y que aunque algunas de esas transformaciones que propongo puedan ser radicales no por intentar llevarlas a cabo va a peligrar lo mucho que tenemos, que eso también es muy importante.

10) Cómo evitar la próxima crisis financiera.-

Todas las materias que los humanos aprendemos en los años de escuela y de nuestros padres son en gran parte lo que otras generaciones han descubierto y gracias especialmente a la escritura ha quedado registrado, no nos hace falta volver a inventar la rueda ni pensar cómo se producen los rayos, el saber del pasado de la humanidad nos da unas bases más que suficientes como para seguir progresando en la ciencia con unos cimientos sólidos de experimentación y métodos de prueba-error que, si somos inteligentes, nos deberían servir para cometer menos errores. Por eso me encanta la Historia, conocer nuestro pasado es el mejor instrumento para mejorar nuestro futuro. Sin embargo, dudo mucho que en economía estemos aprovechando todo lo que sabemos, especialmente de lo que conocemos que ya ha fracasado. Conocer el pasado puede ayudarnos a no repetir los mismos errores, esta verdad está teóricamente muy extendida pero no se aplica y para demostrarlo voy a contar algo que pasó no muchos años antes de la última crisis financiera:

Los llamados "quants" eran unos científicos que creían que con fórmulas se podrían determinar con exactitud los precios. Empezaron por ganar mucho dinero con opciones ya que ellos sabían cómo calcularlas con exactitud. Por eso crearon un fondo de inversiones especulativas llamado Long Term Capital. Sus beneficios y su prestigio fueron tan grandes que en octubre de 1997 sus cerebros –Myron Scholes y Robert C. Mertom- recibieron el nobel de Economía ¡Hasta el mundo académico aplaudía! Ese exceso de confianza provocó que 10 meses después llegaran a tener 126 mil millones de $ invertidos con tan sólo 7 mil millones de capital, y es que a pesar del descuadre –nada raro por otra parte en derivados- el participar en mercados de todo el mundo les hacía creerse invulnerables ya que pensaban que no era posible equivocarse en todas las múltiples posiciones. Sus predicciones matemáticas aseguraban que había que vender opciones para ganar una prima que no se iba a ejercer ya que los sistemas decían que la volatilidad iba a mantenerse baja, en concreto según sus fórmulas había sólo 1 entre 10 elevado a 24 posibilidades de fallar. El 17 de agosto de 1998 el sistema financiero ruso se desmoronó tras las crisis políticas y mala gestión de las privatizaciones postcomunistas y se declaró en suspensión de pagos. Eso originó un aumento de la volatilidad a nivel mundial con fuertes movimientos en divisas, materias primas y bolsas. Ningún sistema había previsto que un problema en Rusia afectaría –por ejemplo- a los bonos de México. El 21 de agosto ya estaban perdiendo 550 millones de $, algo que sus fórmulas decían que era poco menos que imposible. Cuando las pérdidas eran intolerables, la FED acudió a 14 grandes bancos americanos para crear un fondo que auxiliara a Long Term Capital y que no hubiera un desastre mundial, rescatándolo.

¿Sirvió esto para evitar la excesiva exposición de riesgo del sector financiero en el 2000 en empresas relacionadas con internet y en el 2007 en activos inmobiliarios? La respuesta es no., ¿Y en la actualidad? El entonces ministro Álvarez Cascos declaró en octubre de 2002 que el que el precio de la vivienda en España subiera tanto no era algo negativo sino una prueba de que la renta disponible de los españoles estaba subiendo. Esa idea se mantuvo en la mente de muchos dirigentes políticos y financieros los 5 años siguientes de burbuja inmobiliaria: las subidas de precio eran síntoma de salud económica (curiosamente lo mismo que dicen hoy). Todos sabemos ahora lo errados que estaban: el que un banco conceda un crédito a 30 años a alguien para comprar una casa no significa que el hipotecado pueda pagarlo por mucho que en ese momento su renta disponible sea aceptable. La subida del precio de los pisos era el síntoma de una burbuja inmobiliaria peligrosísima y sin embargo, para muchos –que la negaban incluso en 2007- sus consecuencias eran un éxito de la economía española. Algo parecido ocurre actualmente con la renta fija: ¿cómo no considerar un éxito que España coloque deuda a tipos tan bajos o que las empresas consideradas bonos basura, es decir, con riesgo alto de impago, emitan a mínimos históricos de rentabilidad? Pero, ¿no es un síntoma de la enorme burbuja de liquidez existente? En mi opinión sí, hay tanto dinero inyectado por los bancos centrales, tanta fe en ellos y tanto beneficio provocado en el diferencial gracias a los bajos tipos de interés que se invierte sin valorar los riesgos.

Para mi es evidente que algo grave falla en un sistema económico necesita una nueva burbuja para sacarnos de las consecuencias del estallido de la burbuja anterior. Y que nadie se engañe, el mérito de colocar deuda a bajos tipos de interés por parte de emisores de muy baja confianza no es mérito de esos emisores (ni de sus gestores si son empresas ni de sus gobiernos si son países) sino de la actual burbuja de liquidez que están montando los bancos centrales y que lleva a que se compre casi todo. Si regalan vales canjeables por comidas en una calle, hasta el peor restaurante de la misma se beneficiará de ello y tendrá más clientes, ¿O es que alguien cree que el promotor que vendió un piso en Seseña en 2007 por 190 mil € y que ahora no vale ni la mitad lo hizo gracias a lo buena que era la promoción? No, lo pudo hacer porque dirigentes políticos, económicos y financieros alimentaron tal burbuja que al final a alguien le pareció que 190 mil € por vivir en un páramo no era mal precio y un banco o caja de ahorros la tasó por un valor similar y le proporcionó el dinero. Del mismo modo, se está vendiendo como segura deuda que no lo es y cuando estalle la burbuja actual de invertir el dinero sin mirar el riesgo se comprobará. Quizás tarde 5 días, 5 meses o quizás pasen 5 años más -como le pasó a Cascos en 2002- y mientras algunos ganen mucho dinero y algunos políticos presuman pero toda esta liquidez ficticia y barata desaparecerá algún día y lo que importará entonces –como pasó con la burbuja inmobiliaria- será la deuda que tenga cada uno y su capacidad para pagarla.

Nos estamos resignando a vivir del crédito hasta el punto que las autoridades financieras mundiales –los bancos centrales- toman todas sus medidas pensando en su crecimiento y los gestores públicos asumen como normal gastar más de lo que ingresan mientras las crisis cíclicas –a las que también nos resignamos- van reduciendo los avances sociales porque los estados sólo pueden ofrecer a unos ciudadanos lo que recaudan de otros ciudadanos y si no pueden por reducción de la actividad económica (crisis) o por cambios demográficos, sólo les queda endeudarse más. Además, en Europa seguimos con una visión decimonónica creyendo que somos el centro del mundo cuando cada vez pintamos menos. Para mí no hay duda que lo que ha pasado con el desarrollo manufacturero chino en los últimos decenios (cientos de millones de personas viven muchísimo mejor a costa de millones de europeos que viven algo peor) es sólo el comienzo de un proceso en el cual nos convertiremos en un continente envejecido con menor calidad de vida en una economía basada casi en exclusiva en el sector servicios y con una moneda que no tiene éxito como divisa de reserva mundial por lo que incluso como centro financiero nuestro camino será la decadencia. Eso también implica que posiblemente un país turístico como España tenga quizás más futuro a largo plazo que otros países europeos que creen que van a poder vender sus manufacturas por el mundo como hasta ahora.

El concepto solidaridad es uno de los que provoca más paradojas porque es muy difícil ver posturas personales al respecto que sean coherentes. Es difícil encontrar a un rico que defienda la progresividad en los impuestos que quizás si apoyaba cuando era pobre o a un alemán que esté a favor de ayudar más a Grecia cuando lo mismo nació en Alemania del Este y no hace tanto se vio beneficiado por compensaciones territoriales o personas que defienden la solidaridad entre ricos y pobres de un mismo país pero no entre territorios ricos y pobres de un mismo país o el colmo, los que creen que los gobiernos deben ser solidarios con el dinero de todos pero ellos no lo son con el suyo. Son temas muy polémicos en los que no se puede ser dogmático y sin embargo hay un tipo de solidaridad que para mí no alberga ninguna duda sobre su bondad: la solidaridad que beneficia a personas que ni siquiera existen aún.

Sea por nuestras creencias, por nuestro sentido grupal o por amor a nuestros descendientes, lo cierto es que en general la Humanidad suele pensar en el futuro incluso más allá del tiempo vital de la actual generación Sí, es cierto que tampoco demuestra una gran preocupación pero tenemos presente el futuro aunque no estemos incluidos en él. Este pensar en generaciones posteriores nos ha permitido desarrollarnos mucho más rápidamente ya que los conocimientos –y no sólo científicos- se han almacenado –primero oralmente pero mucho mejor desde que se inventó la escritura- y se han compartido y no ha hecho falta aprenderlos cada vez. Y en la actualidad millones de personas se preocupan por el deterioro ecológico del planeta, el calentamiento global y, en general, por peligros que no afectarán seguramente a su tiempo vital. Otras muchas luchan por mejorar la Humanidad –según su criterio- aunque sepan que es casi seguro que nunca verán por sus propios ojos su objetivo realizado como los que luchan por acabar con el hambre en el mundo o por llevar una misión espacial tripulada a Júpiter. En general, las personas que se sacrifican por un bien nada egoísta y que puede nunca vean, son admiradas y suelen englobar a personas de todas las ideologías y condiciones: ecologistas, monjas, científicos... de derechas, de izquierdas, da igual. Y repito, es algo que en general está muy bien visto.

Sin embargo, cuando en economía alguien lucha contra el exceso de deuda porque cree que esa deuda está hipotecando el futuro de los que vendrán después, muchas personas no sólo no admiran a quien defiende esta postura sino que le atacan. Hay una gran contradicción porque es fácil entender que si nuestra generación consume todo el petróleo, acaba con todas las ballenas o llena de basura radiactiva los mares, perjudicaremos a los que vengan después pero sin embargo es difícil para muchos comprender que si vamos consumiendo en la actualidad los ingresos que se obtendrán dentro de unos años (la deuda no es más que eso, traer dinero del futuro), también fastidiaremos a nuestros descendientes. Si una persona sin hijos dijera que como él no va a dejar a nadie detrás le da igual si el planeta se convierte en un estercolero 30 años después de su muerte le llamaríamos insensible pero si alguien defiende aumentar la deuda para vivir mejor ahora porque ya la pagarán dentro de 30 años viviendo peor, ¿acaso no lo es también?

Ver la evolución del volumen del mercado de crédito y deuda en el mundo las últimas décadas es contemplar una hipérbole y pensar que una pequeña congelación de su aumento en 2008 casi destruye el mundo (o al menos el sistema financiero global) demuestra lo dependiente que es el sistema actual del crédito y la deuda y desde luego no es nada tranquilizador. Por eso yo acuso de insolidarios a los que creen que no hay que reducir la deuda, acuso a este gobierno que sigue aumentando la deuda pública porque no es capaz de gastar menos de lo que ingresa y acuso a la mayoría de la oposición parlamentaria que quiere aumentarla aún más sin pensar en el futuro y a la mayoría de parlamentos autonómicos y a la mayoría de corporaciones locales y a todos los economistas españoles y extranjeros que se empeñan en decir que ya se reducirá la deuda con más inflación porque eso es igual que decir: ya te robaremos de tus ahorros a ti o a tus hijos para poder pagar nuestro excesivo gasto actual. Exactamente lo mismo que llevan haciendo años con las subidas impositivas: sustraer dinero al ciudadano para costear su mala gestión.

Ser solidario es intentar dejar un mundo mejor al que venga detrás y eso implica que las deudas, sean ecológicas o económicas, deben saldarse cuanto antes. Y la deuda privada, esa que nuestros gobernantes están empeñados en aumentar dada su obsesión por el crédito, mientras no se socialice y acabe engordando la deuda pública -como en tantos casos ha pasado estos años- es un asunto privado. Me río de los que dicen ser radicales o "anti-sistema" y lo primero que anuncian es que ampliarían el límite del déficit (lo que implicaría más deuda), eso es lo que ya han hecho todos los gobernantes del "sistema" y de ese modo se han convertido en rehenes de los mercados financieros. Como cualquiera que ya ha acabado de pagar su hipoteca sabe muy bien no tener deudas implica más libertad y sin embargo, como me temo también sabe mucha gente, aumentarlas teniendo que pedir una ampliación del crédito porque los ingresos familiares son más reducidos que los gastos, implica tener que aceptar las condiciones que ponga el banco. Yo quiero acabar con ese excesivo control, esa es para mí la verdadera postura radical.

Reducir las deudas y comprometerse a no aumentarlas con una gestión equilibrada sería una gran medida pero el mundo necesita también una reforma del sistema financiero global para evitar su fragilidad. No soy el único, personas muy bien informadas como Simon Johnson, ex economista jefe del FMI o Thomas M. Hoenig, vicepresidente de la Corporación Federal de Seguros de Depósitos (FDIC), creen lo mismo, son críticos con la mala labor supervisora de la FED y piensan que es repetible otra crisis como la de 2008 porque *"No hay suficiente capital para absorber pérdidas en las grandes instituciones financieras complejas, y la estructura de financiación de grandes holdings bancarios sigue siendo precaria"*. Dan un dato demoledor: *"los mayores bancos de los EUA están financiados al 95% con deuda"*, algo que también denuncia la economista <u>Anat Admati</u> que propone que el capital de la gran banca norteamericana provenga en mayor medida de sus accionistas multiplicando por 6 (del 5% actual al 30%) la aportación de éstos. Otra cita más de Amit Tyagi, del National Bank of Abu Dhabi, da aún más en la diana: *"Supongamos que un banco otorga un préstamo de 200.000 dólares para comprar una casa que vale 235.000 dólares. Si el banco le asigna una ponderación de riesgo de 10%, el equivalente ponderado es 20.000 dólares. Si para proteger ese equivalente el banco necesita un 10% de capital propio, entonces puede financiar la hipoteca con dos mil dólares propios y pedir prestados los otros 198.000."* Todo esto implica que la capacidad de creación de dinero de la banca sigue siendo enorme y que no depende ni siquiera de su correcta capitalización. Para mi es absurdo que eso no cambie: hay que ampliar el coeficiente de caja

¿Por qué entonces no se hace? Porque la creación de dinero de la banca es el maná: permite la expansión económica con esos fondos virtuales que financian a las empresas y a los estados e incluso a los consumidores. A cambio hay que soportar crisis periódicas pero la mayoría cree que merece la pena porque esa filosofía funcionó con gran éxito durante décadas en el siglo XX. Sin embargo, este siglo su "éxito" es muy relativo ya que ha habido ya 2 graves crisis y, al menos en el mundo occidental, los ciudadanos no están percibiendo grandes avances en su economía esta centuria. Mi punto de vista es que el sistema se está agotando y que la próxima crisis –si es que algún día dejamos atrás la actual- no tardará en llegar y será peor que la anterior. Parece una locura ampliar el coeficiente de caja y con ello reducir el volumen de dinero circulante en el mundo pero también se hubiera calificado igual si hace 10 años el gobernador del Banco de España hubiera limitado la cuantía y duración de las hipotecas que la banca concedía y qué diferente hubiera sido todo si algo así se hubiera hecho. Tampoco propongo que se llegue al 100% ni siquiera al 50% y basta con realizar un calendario de largo plazo para que no sea tan traumático pero creo es necesario multiplicar al menos por 10 el 2% actual. También hay que acabar con la práctica de los bancos centrales de promover con sus políticas el que la banca invierta a largo plazo con dinero recibido en el corto plazo, ese desfase ya se ha demostrado excesivamente arriesgado.

Cierto que con todas estas medidas habrá un menor crecimiento del PIB pero también habrá menores riesgos de recesiones. A todos nos encanta sentirnos seguros, saber que los cimientos de nuestra vida son lo más sólidos posibles pero estamos expuestos a factores impredecibles que nos gustaría eliminar. Dicen las estadísticas que cada 30 segundos muere una persona en el mundo en un accidente de coche, ¿Cuántos de saberlo por la mañana habrían cogido el coche ese día? Lo mismo nos pasa con la economía: queremos estabilidad y queremos confiar en que no vamos a sufrir sustos periódicos que hagan temblar los cimientos del sistema financiero mundial y amenacen nuestra calidad de vida pero con la actual estructura de crear nuevas burbujas para resolver las consecuencias del estallido de burbujas anteriores sabemos que el accidente ocurrirá.

Reducir deudas, recortar la capacidad del sistema financiero de crear dinero y reformar la actuación de los bancos centrales disminuirá las posibilidades de crisis cíclicas frecuentes y el coste social que provocan. En mi opinión.